呼びかけに応えてUFOが出現！

▶白昼の東京の上空に現れたUFO。厚い雲の手前に、謎の物体が浮遊していることがわかる（撮影者：末武照之）。

▲「スターラインズ・リユニオン」など、屋外で夜間に行われたワークにおいて、りゅう座の近くで撮影された移動する光の点（UFO）。

人工衛星とは明らかに違う動きが！

▲上の2点の写真はいずれも、2022年5月28日のワークショップで撮影されたものだ。ワークショップで目撃・撮影される飛行体は一見、人工衛星のような光り方、飛び方をするが、当日の人工衛星の動きを詳細に検証した結果、これらは人工衛星ではない＝UFOであることが判明している。

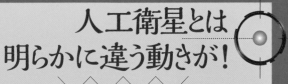

UFOと体外離脱

ヘミシンクによる
宇宙人遭遇で人類覚醒へ

坂本政道＝著

ONE PUBLISHING

はじめに

今人類は、大進化のただ中にある。

そういってもピンとこないかもしれない。見た目とか体つきとかが変わるという生物学的な意味での進化をいっているのではないからだ。本書でいう進化とは、精神性とか霊性と呼ばれる面での進化である。そういう面において人類は今、大きな変革のなかにいる。

この大進化は宇宙的に見ても非常に稀《まれ》な現象ということで、現在、地球の周りの非物質次元には多数の地球外生命体（ＥＴ）たちが集結して様子をうかがっている。そのなかには、手助けに来ている者たちも大勢いる。

ヘミシンク（詳細は本書で説明する）を開発したロバート・モンローは、地球外生命体が大集結していることについて、１９８５年に出版された著書『Far Journeys』（邦訳『魂の体外旅行』／日本教文社）のなかですでに述べている。

当時は、これから起こる一大イベントを、皆ワクワクしながら見守っているという感じだった。今は、まさにその真っただ中にいる。

コロナ禍《か》、ウクライナ危機、イスラエルとガザの戦闘などで象徴される大混乱は、まさにこの大進化の生みだした産物であり、ここを通って、人類はふたつに分裂していくことになる。進化していくグループとしないグループで、体験する世界もふたつに分裂する。

というか、実はもうすでに分裂は始まっているのだが、まだ互いの世界を見ることができる状態にある、というのが正しい。それが進めば、次第に互いの世界を見ることもできなくなっていく。

進化を選択したグループは、今後、周波数がさらに高くなり、地球外生命体たちのいる周波数に近づいていく。その結果、彼らとの出会いが起こる。そして、人類は銀河連合と呼ばれる組織へ迎え入れられる。

進化を選択しなかったグループは、今後、周波数がさらに低くなっていき、地球外生命体との出会いは起こらず、地球規模での混乱と戦乱のなかへと進んでいく。

あなたはどちらを選択したのだろうか。この本を手に取っているということは、進化を選択したということだろう。今後の世界の進展をワクワクしながら体験していくことになる。

本書は、地球外生命体との出会いを可能とするヘミシンクについて解説し、筆者がヘミシンクを聴いて遭遇した、地球外に集結している生命体について、さらに、太陽系を離れて訪れた星々や、銀河系外のさまざまな銀河での生命体との出会いについてお話しする。

出会った生命体の多くは地球での名前がない星の住人なので、「どこそこ星人」とはいえない。名前があるところでは、シリウス系の龍、さらに星の名前でケンタウルス座アルファ、シリウス、プレアデス星団、アークトゥルス、リゲル、エリダヌス座イプシロン、銀河名ではアンドロメダ銀河、M101星雲などである。

本書では、さらにアークトゥルスから教わった自身の周波数を積極的に高める方法、プレアデスから教わったハートを活性化する方法についても紹介する。

本書が今後起こる地球外生命体たちとの出会いにおいて、その準備の一助となれば幸いである。

坂本政道

目次

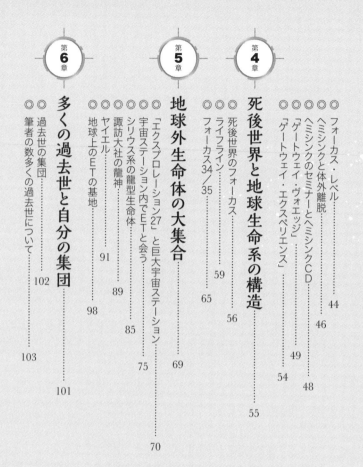

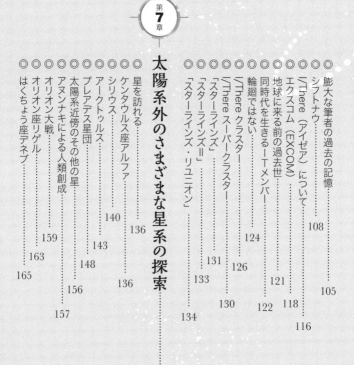

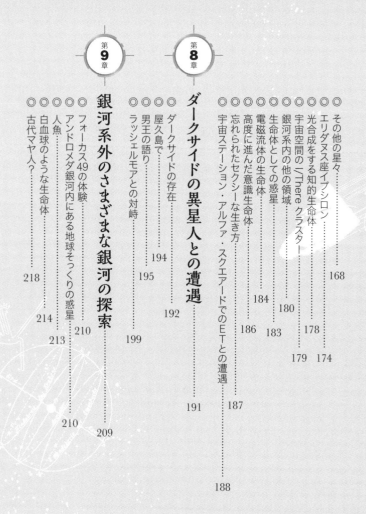

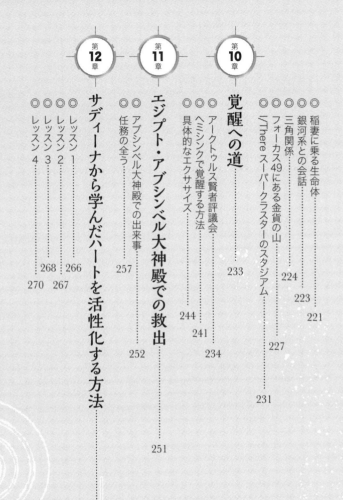

●装丁+本文デザイン=中村友和(ROVARIS)

第1章

なぜわれわれは地球外生命体（ET）に遭遇しないのか

◎地球外生命体が姿を現さない理由

宇宙にはそれこそ天文学的数の星があり（何兆の何兆倍）、誕生以来１３８億年もの年月が経過している。さらに、太陽がごく普通の恒星で、その周りを回る地球もごくありふれた惑星であることを考えると、宇宙には知的生命体が存在する惑星が少なく見積っても億単位であると考えるのが、科学的に正しいと思われる。

それではなぜ彼らは地球に姿を現さないのか。

その理由として挙げられるのはまず、星と星の距離があまりにも遠いということである。たとえば太陽系の最遠惑星である海王星までなら、地球から光速で４時間の距離となる。しかし、一番近いケンタウルス座プロキシマまでは光速でも４・２年かかってしまう。実に９０００倍の距離だ。これではいくら科学技術が進歩しても、文明がある星まで到達するのは不可能だろうというのが一般的な考えだ。

ただし、これはあくまでも、物質空間を移動する場合の話である。仮に現代科学では知られていない物質空間とは異なる次元を移動に使うことができれば、いとも簡単に遥か彼方の銀河まで瞬時に行くこともできるだろう。そういった現代科学では知られていない技術を、高度に発達した地球外生命体（ＥＴ）の文明なら持っていてもおかしくないと考えられる。

だがそうなるとますます、彼らがなぜ地球にやってこないのか、その理由が気になる。

バシャールによると、それにはふたつの理由があるという。

理由１／地球まで来られるような進化したＥＴは、われわれのいる物質世界とは少し異なる次元にいるので、地球に来ていたとしても見えない。

理由２／地球まで来られるような進化したＥＴは、人類の発展を見守るために、直接干渉しないという取り決めをしている。

なおバシャールとは、アメリカ人のダリル・アンカがチャネル（交信）する地球外生命体で、エササニという太陽系外惑星に住んでいる。

◎進化したＥＴのいる次元とは

以下にお話しする内容は、バシャールが伝えている事柄なので、詳しくは『バシャール×坂本政道』（ＶＯＩＣＥ）を参照されたい。

たとえば人類のいる世界（リアリティ・現実）は「第3密度」と呼ばれるのに対し、進化したETたちのいる世界は「第4密度」と呼ばれる。

両者の違いは周波数で、第3密度は6万から15万ヘルツ、第4密度は18万から25万ヘルツである。なおヘルツとは1秒あたりの振動回数だ。

この密度は、生命体の進化の度合いに応じて第3から第9以上まである。

注意してほしいのは、ここでいう周波数は、人の場合、物質的な肉体だけでなく、非物質のエネルギー体をも含めた全体の周波数の平均値を指すということだ。そして現代科学においては、未だ非物質についてはまったく知られていないので、バシャールのいう周波数は未知の概念ということになる。

人類は第3密度の生命体であり、住む世界は第3密度の物質から成っている。第4密度の生命体は第4密度の物質から成る世界に住む。ともに物質世界ではあるが、構成する物質の周波数が異なるわけだ。

ちなみに第5密度の世界からは非物質世界になる。

そのため、第3密度にいるわれわれが第4密度のETを見ても、半透明か光り輝く存在にしか見えないそうである。

◎第3密度と第4密度の生命体の違い

このように両者には周波数に大きな違いがある。また、違いは周波数に留まらない。その違いを表にまとめてみた（17ページ参照）。

宇宙には創造の源があり、宇宙のすべてはその源が異なる形で現れたものである。したがってわれわれひとりひとりもまた、それぞれが宇宙の異なった表現、表出だといえる。つまり、個人個人が宇宙の源と一体であり、同時に源そのものなのである。

そのことを知るのがいわゆる覚醒《かくせい》である。表を見ていただけば、覚醒した生命体は第4密度、覚醒していない生命体は第3密度であることがわかるだろう。

宇宙の源は創造エネルギーの源である。このエネルギーは、次のような成分であふれている。

「生命力、創造性、愛情、喜び、知恵、機知、好奇心」

第4密度に覚醒すると、常に100パーセント、このエネルギーで満たされた状態となる。喜びがすべての思考、感情、行動の基にあって、常に安心で満ち足りた状態でいることができるようになる。

それに対して第3密度の人類は、常に恐れがベースにある。その根本にあるのが、死に対する恐れだ。それ以外にも、多くの人は常に何かを恐れて生きている。仕事で実績が上がらなければ、職を失うのではないかと恐れ、病気や事故で家族を失うのではないかと恐れる。あるいは大地震や津波を恐れ、日常では約束の時間に間に合わないのではないかと恐れる。人からの評価を恐れるのもそうだ。とかく人間は、恐れる要素には事欠かない。自分がいかに第3密度を生きているかを実感させられるだろう。

◎人類の大進化

バシャールによると、今はまだこういう人類だが、現在は第3密度から第4密度への大進化の過程にあるという。この人類の大進化は「アセンション（上昇）」と呼ばれることが多い。

またこのことは、別の見方をすることもできる。

われわれは元々はもっと高い周波数（第4密度やそれ以上）にいたのだが、新たな体験をするためにわざわざ周波数を第3密度まで落とし、地球生命系に入ってきたのだ、と。

地球生命系での体験は、それだけ貴重で価値がある。ここでは多くのことを学べるとされている

密度	周波数（回／秒）	備考
第9密度以上	約100万～	
第8密度	約82.5万～約100万	
第7密度	約66.6万～約82.5万	
第6密度	約50万～約66.6万	
第5密度	約33.3万～約50万	ここから非物質界
移行領域	約25万～約33.3万	バシャールたちの惑星・エササニでは約25万～29万回／秒 セッションのときのバシャールの宇宙船は約25万回／秒 エササニは今、物質次元から非物質次元への移行期 第4密度までは物質界
第4密度	約18万 ～　約25万	ピラミッド内の儀式で到達したのは約20万回／秒
移行領域	約15万 ～　約18万	ムー／レムリアは平均約17万～18万回／秒
第3密度	約6万 ～　約15万	初期のアトランティスは平均約14万～15万回／秒 仏陀やイエス、クリシュナ、ウォヴォーカは20万回／秒以上 上は約18万回／秒。 今、人類は第3密度から第4密度への移行期 地球は今までこの段階。人類の平均は約7.6万～8万回／秒

出典：『バシャール×坂本政道』（VOICE　2009年出版）

第3密度	第4密度
肉体も意識も個別	肉体は個別、意識は個人を超える（共有）
宇宙の源との一体感が弱い	宇宙の源との一体感が強い
覚醒していない	覚醒している
恐れを基にした発想	喜びを基にした発想
自分が体験する現実を自分が創造していることを自覚しない	自分が体験する現実を自分が創造していることを自覚する
二元的（善悪、正邪、自他、光と闇、陰陽）	統合へ向う
対立	調和

ので、あえて周波数を落として入ってきたというのだ。

ただ地球に入る際には、それまでの記憶をすべて一時保管場所に預け、アクセスできないようにする必要がある。そのため、自分がどこのだれだったのか、何をするために地球に来たのかはもちろん、命は永遠だということさえ忘れてしまう。そして、ひたすら体験を求めて何度も輪廻《りんね》することになる。それはあたかも深い眠りに入って夢を見つづけているようなものだ。

第４密度に戻ることは夢から目覚めることでもあるので、覚醒という。目覚めて、自分が本来どういう存在だったのかを思いだす。自分は宇宙の源そのものだということ、光り輝く存在だということを思いだすのである。

人類は今、第３密度から第４密度への大進化の過程にある。これはつまり、人類は目覚める（覚醒する）時期に来ているといい換えることができるだろう。

◎隔離期間の終了

人類の周波数が高くなり第４密度のＥＴ（地球外生命体）の周波数に近づくと、ＥＴやその乗り物（ＵＦＯ）とのコンタクトが頻繁に起こるようになる。それはわれわれの住む世界がＥＴの住む世界に近づいていくからで、そうなればＥＴとのコンタクトは起こるべくして起こるわけである。

実は、２０１２年まで地球人類は他の地球外文明から隔離されていて、彼らが干渉できないようになっていた。

われわれの銀河系（天の川銀河）内には進化した文明が数多く存在していて、それらは「銀河連合」と呼ばれる組織を形成している。進化の段階が第４密度に達して初めて、この連合に加わることができる。地球人類はまだその段階に達していないので、銀河連合には加わっていないが、将来、第４密度に達した暁《あかつき》には参加できるようになる。

銀河連合に属さない生命体のなかには科学技術的に発展し、宇宙航行の技術を有している者もいる。そういう者たちが隔離を破って地球に侵入することがないように見張るのも、銀河連合の重要な役割だ。ただ、隙《すき》をついて干渉してくる者たちはどうしてもいて、それがＵＦＯや異星人として目撃されてきたのである。

繰り返すが人類は今、大進化の真っただなかにあり、第３密度から第４密度へと上昇しつつある。その一環として、２０１２年には隔離期間が終了し、他の文明はいつでも地球に干渉できるようになった。そのなかで銀河連合は、人類の進化の様子を見ながら徐々に干渉しはじめるとのことである。

早ければ2026年の後半から2027年初頭にかけて、ETとの重大なコンタクトが起こり、全世界の人々がETの存在を知ることになると、バシャールはいっている。

◎並行世界

ここまで、バシャールが伝える事柄をお話ししてきた。厳密にいえばバシャールは「並行世界」もしくは「並行現実」という言葉を使う。低い周波数から高い周波数まで、それぞれの周波数に応じた世界があり、それらが同時かつ並列的に存在していて、自分は自分の周波数に一致する世界を体験しているというのだ。周波数が1ヘルツ違うだけでも別の世界になってしまうので、そういう世界は無数にあることになる。

しかも各人の周波数は瞬間ごとに変化する。そのたびに違う周波数の世界へジャンプするのだ。ただ、差は小さいものなので、普通はそれに気づかない。何らかの理由で自分の周波数が大きく変化したときだけ、ジャンプしたことに気づくのだそうだ。

また、それぞれの世界において過去も異なっている。その周波数に見合った過去になるということだ。

自分は自分の体験している世界しか認識できないので、他に無数の世界があるということが本当かどうかは証明のしようがない。

量子力学には並行世界の概念もあるが、この考えでは元いた世界に戻ることは決してできない。その点がバシャールのいう並行世界とは異なっている。

◎人類はふたつのグループに分裂していく

バシャールによると、人類は今まさに大きくふたつのグループに分かれていく分岐点にいる。周波数がどんどん上昇していくグループと、周波数は上昇しないかむしろ低下していくグループだ。

先ほどお話しした第3密度から第4密度への移行を体験するのは、前者に属する人たちである。後者に属する人たちはそういう体験をしない。前者はETとのコンタクトを体験するが、後者はしない。

今後、ふたつのグループは、周波数のまったく違う世界を体験するようになる。今はまだ互いの世界を見ることができるが、次第に自分のいる世界しか見えなくなっていくそうだ。

本書はあくまでも、第4密度へ上がっていくグループで今後起こっていく事柄についてのみ書いていくものである。

第2章

第4密度以上の世界を体験できるヘミシンク

◎ヘミシンク

われわれの住む世界とＥＴ（地球外生命体）の住む世界には周波数の違いがある。そのため、われわれの通常の意識状態では、ＥＴや彼らの宇宙船を知覚することは難しい。

ところが、周波数を高めることで、そういった世界を体験できるようにする技術がある。それがロバート・モンローの開発したヘミシンクである。

ヘミシンクでは、ステレオ・ヘッドフォンからある周波数の音を流す。それを聴くことで、通常の目覚めた状態から通常とは異なる周波数の高い状態へと意識を導くことができる。その結果、ＥＴたちの住む世界を訪れることが可能となるのである。

われわれの肉体の周波数は第３密度だが、いわゆる「アストラル体」と呼ばれるような体は、より高い周波数を持っている。ヘミシンクは意識の焦点（フォーカス）を肉体からアストラル体やさらに周波数の高い体へ移すことで、第４密度の世界やそれよりも高い周波数の世界を体験することを可能にするのである。

それだけではない。

ヘミシンクには人が第3密度から第4密度へ恒常的に移行する（つまり覚醒する）ことを促す効果もある。周波数を一時的に高めるだけでなく、高い周波数状態に頻繁にいることでさまざまな変化が起き、結果的にヘミシンクを聴いていないときでも周波数が高くなる。つまり、恒常的な変化が起きるのである。

◎ヘミシンクを聴いて体験するETとの出会い

ヘミシンクを聴くことで体験するETとの出会いとは、具体的にどのようなものなのか、ふたつ、例を紹介したい。ここに挙げるのは、先のロバート・モンローの遺志を継ぐ団体、モンロー研究所が開発した「エクスプロレーション27」という5泊6日のセミナーで、「フォーカス34／35」と呼ばれる非物質次元を訪れ、地球外生命体と人類の交流のために造られた宇宙ステーションへ行ったときの筆者の体験をメモしたものである。

▼2014年7月9日

フォーカス34／35へ着いた。

気がつくと、お皿を持って食べ物を選んでいる。他にも大勢の人がいる。カフェテリア内にいる。長いテーブルが何台かあり、その周りに多くの人（？）が座っている。

「え？　なぜこんなことをしてるのだろう？　フォーカス34／35にいるはずなのに……」

カフェテリアの一番端《はし》に大型のETが来た。身長は2メートルほど。頭はイカのような形で、3つのとんがりがある（中央が一番高い）。体はエビのような円筒状をしている。色が青とオレンジだ。バルタン星人か？

「そうか。ここは宇宙ステーションのなかなのだ」

窓を通して外の暗い宇宙空間が見える。白っぽい構造物も見える。

「そうです。ここでETたちが人間としての疑似体験をしているのです。ここでは食べ物を食べるという体験をしています。そもそも食べるということをしない生命体も多いので、この体験は彼らにとってチャレンジなのです。味覚というのがないものも大勢います。彼らがそれを理解するのは難しい。多くの生命体は第4密度なので、食べるということをとうにやめてしまったものも多いのです」

「バシャールたちのように？」

「はい、そうです」

「なかには第3密度の生命体もいますが、彼らはあなたと同じようにアストラル体で来ています」

「あなたはだれですか？　ガイドではないようですが。言葉が少しなめらかでない」

「はい。今回あなたの案内をすることになった生命体です。地球の言葉を学んでいます。あなたは非言語的な交信もできるので、情報を一部は非言語的にも伝えています。

この宇宙ステーション内には、人間の言語を学ぶための施設もあります。そもそも言語を必要としていない生命体も多いので、言語を学ぶのは難しさがあります。

また場合によっては、自分たちのなかに概念がない地球上のものもたくさんあり、それを理解するのがまたひと苦労なのです。発音も難しい。発音器官が発達していない生命体も多いので……」

「あなたの姿を見せてもらえますか？」

「いいですよ」

目の前に何かが現れる。ラクダのような顔の印象がある。薄茶色の毛がカールしていて、かわいらしい目をしている。テリー犬のような、それをもっと大きくしたような生命体だ。


ここで「ガイド」という言葉が出てきたが、ガイドとは各人に複数名いる非物質の存在で、各人が長い目で見て霊的成長ができるように導いてくれている。

それに対し、特定の期間だけ、特定の目的のために導いてくれる非物質の存在は、「ヘルパー」と呼ばれる。たとえば、テニスがうまくなるように手助けしてくれる存在などがそうである。

ガイドはフルタイムで、ヘルパーはパートタイムといえばわかりやすいかもしれない。ただ、線引きはそこまで明確でないことが多い。

▼2014年7月9日

F（フォーカス）34／35に着いた。真っ暗ではない。室内に来たようだ。何やら大勢いる感じがする。

触手のようなものが見える。うまく把握《はあく》できない。ガイドが説明を始めた。

「あなたがETに会ってみたいといってたので、15名、いろいろな種を集めました。人類型はいません。この宇宙ステーションはETが地球人類を知るための場ですが、人類が彼らのことを知る場でもあるのです。交流の場なのです」

「人類では、どういう人がここまで来られるのですか？」

「まだ少数ですが、あなたのようにヘミシンクで来る人もいれば、瞑想《めいそう》などで来る人もいます。人類のアセンションを手助けするためであり、人類が銀河生命体になるための準備でもあるのです」

「そうですか」

うまく把握できないが、何か存在感はある。昆虫やエビという感じだ。大きさもまちまちのようだ。

「ちょっとうまく把握できないので、手とか、どこかを動かしてもらえますか？」

あちこちで触手のようなものやヒレのようなものが動くのが見える。

「あなたにとても興味を持っているんですよ。皆、太陽近傍の星から来ました。暗い星ばかりです。

海のなかで発達した後、陸に上がって発達した生命体もいます。地球と同じですね」

「全員と一度に会話するのは難しいので、だれかひとりにしたいんですが」

そのなかの一体が前へ来た。緑色の生命体だ。カマキリのような体形。ただ、頭の部分が三角っぽいが、丸みがある。ソラマメのような感じ。

「初めまして。お名前は？」

「名前ですか、数字の番号ならあります」

「ID番号のようなものですよ」と、そばにいるガイドが教えてくれた。

私の体に接近してきて、ほとんど乗りかかってきた。この星ではそうするのが礼儀なのか。だが、すぐに離れていった。

「どこから来たのですか？」

「太陽近傍の星ですが、暗い星です」

「食べ物を食べたりするのですか?」

「ほとんどしなくなりましたが、まだ少しだけ食べます」

バシャールと同じだ。

「第4密度ですか?」

「はい、そうです」

「普段は皆、何をしてるのですか?」

「働いています。食べ物を作ったり、生活に必要なものを作ったりします。まだ必要なものはたくさんあります。ただ、皆、楽しんで働いています。富を分け合うのです」

「さすが第4密度ですね。早くそういう段階に達したいです」

「人類もいずれはそうなります」

「全体で何人くらいいるのですか?」

「5億人です」

「星まで連れていってもらえますか?」

「今回はそういう機会ではありません」

ガイドがいった。

「それでは次の生命体に移りましょう」

と、ガイド。

目の前に、縦に細長い白い長方形が現れた。妖怪の一反木綿《いったんもめん》のような形。それが顔の部分なのか、下のほうが向こうへ曲がって手足がある。まさに一反木綿そのものだ。

やはり、太陽の近傍の暗い星から来たそうだ。同じく第4密度だという。少し会話をした。

「うーん、ちょっと体験を覚えているのが大変なので、ここで記録をとっていいですか?」

「いいですよ」

一反木綿は地球外生命体だったようだ。ときどき地上に来ては、人々に目撃されていたのかもしれない。妖怪と呼ばれるもののなかには、地球外生命体も大勢いると思われる。たとえば、天狗《てんぐ》と呼ばれる生命体はその可能性が高い。

第3章

ロバート・モンローとヘミシンク

◎モンローについて

本章では、ヘミシンクとその開発者であるロバート・A・モンロー（1915〜1995年）について簡単に紹介していくことにしたい。

彼はラジオ番組制作会社を経営するビジネスマンで、1950年代にはいくつものラジオ番組を全米でヒットさせている。

1956年ごろから、自らを被験者として音を使った睡眠学習や加速学習の研究を始めたところ、異常な現象を体験するようになった。寝つくときに、全身が金縛りになり、体が小刻みに震える「振動状態」が頻繁に起こるようになったのだ（後でわかったのだが、振動していたのは肉体ではなく非物質の体だったという）。

1958年、42歳のとき、「振動状態」から最初の体外離脱を体験する。この現象はその後も頻繁に起こるようになる。

体外離脱体験は続き、その内容をまとめた本を1971年、1985年、1994年に出版。邦訳は『ロバート・モンロー「体外への旅」』（ハート出版）、『魂の体外旅行』（日本教文社）、『究極の

↑アメリカ、ヴァージニア州フェイバーのブルーリッジ山脈にあるモンロー研究所。
→ヘミシンクの開発者、ロバート・モンロー。

旅』（日本教文社）である。

彼は体外離脱を通して、以下の驚くべき事柄を知ることになった。

1：人は死後も存続する。
2：死後世界は階層構造になっている。
3：人は、今の人生だけでなく、他にも多数の生命体験（人間を含む）をしてきている。
4：地球に来る前にもいくつもの生命体験がある。
5：地球は学習の場であり、学ぶべきことを学んだら卒業するのが目的だが、皆それを忘れて地球で輪廻している。
6：卒業するには、スーパーラブ（純粋な生命エネルギー、愛）を自ら発する存在になる必要がある。
7：人にはそれぞれに「ガイド」と呼ばれる存在が複数いて、導いている。
8：今、地球人類は大きな発展期に入っていて、それを支援するために多くの地球外生命体が地球の周りの宇宙空間（非物質次元）に集結している。

こういった事柄を人々に知ってもらうには、自分で体験してもらうしかない。そこで開発されたのがヘミシンクである。

◎モンローとUFO

ヘミシンクの話に入る前に、ETとUFOに関するモンローの体験エピソードをふたつ、紹介しておきたい。というのもモンローは、数多くのETと思われる存在に遭遇《そうぐう》しているのだ。

最初に紹介するエピソードは、『魂の体外旅行』(日本教文社)の「大集合」という章に出ているものである。このときモンローはガイド(「インスペック」と呼ぶ)に連れられて、地球から少し離れた宇宙空間に来た。

「私たちは地球と月の間のどこともはっきりしない地点にいた。ただし、地球の表面から五万マイル以上の所だと思う。(中略)私たちのいる所から千フィートと離れていないと感じられる地点に、灰色をした固体と思われる巨大な物体がある。それは、細長く、最も幅の広い一方の端は円錐形をしていて半球体のドームがかぶさっている。もう一方の端は遠く、少なくとも数マイル先にあるかと思われる。（中略）宇宙船か？　物質的な宇宙船であろうか？

（あなた方人間の考え方ではその通りです。でもこれは人間が作ったものではありません。現時点では物質的な地球の周りにはこのようなものが沢山あるのです。こうしたものはもともと、あなた方の言う物質的な宇宙がその源なのですが、必ずしもあなた方の意識と同じ時空次元のものではありません。）

（中略）

地球を中心として八方見渡す限り、数限りないと思われる多くの物体がある。その中のいくつかは形があるが、他のものは雲の蒸気が小さなまとまりになった位にしか見えない。でもこれら全てがいろいろな明るさで光り輝いていた。私は私たちに一番近い物体からも、ショーを待ちわびているかのような期待感のパーセプトを得た。これだけの数のものの注意を引くのだから何か大したショーなのだろう……

（私たちはこれを「大集合」と呼んでいます。ここには、あなたが言うショーを見るためだけに、近隣の他のエネルギーシステムのものたちが現出し、集まっているのです）」

（『魂の体外旅行』日本教文社）

このように数多くの地球外生命体が、地球から少し離れた宇宙空間に集結している。ただしここは物質世界ではなく、非物質世界である。なので、通常の宇宙船に乗っていてもまったく気がつかない。

もうひとつのエピソードは『究極の旅』（日本教文社）に出ているものである。モンローはガイド（インスペック）に連れられて宇宙空間に来ていた。

「……私は唖然《あぜん》とした。ほんの五、六メートル上に、何キロもの長さに見える巨大な丸い円盤型の物体が浮かんでいるではないか。よくいう典型的な『空飛ぶ円盤』だが、その千倍も大きい――しかし、そう思っているうちに、それはたちまち直径六十メートルほどに縮んだ。

底部にあるドアがスライドして開き、ひとりの……男……きわめて人間らしい外見の男が現れ、歩いて――そう、歩いて、私の浮いているところに近づいてきた。近くに来ると、その男が誰なのかわかった。（中略）若い頃に好んで観た喜劇映画によく出ていたスター――W・C・フィールズに生き写しだった！

この複製、投影、ホログラム――何でもいいが――それは、やはりフィールズとそっくりのイントネーション、話し方で口をきいた。そして、私を船内に招待してくれ、大きなドーム型の部屋らしきところに案内してくれた。壁には、私の知っているありとあらゆるコメディアンの写真が貼ってあった。（中略）何千というジョークの落書きや風刺《ふうし》マンガもあった。彼はこういったものをみな『積み荷』と呼んだ。（中略）

『教えてくれないか、いったい何をしているんだい、こんな地球くんだりで』

『そりゃあなた、私は輸出業者ですから』

（中略）

『地球にあるどんなものが、君たちにとって価値があるっていうんだい。君たちの方が、明らかにずっと技術が進んでいるじゃないか』

（中略）

『あなたがた人類が持ってるんですよ。（中略）人類以外のものにとって、たいそう貴重で価値のあるものなんです。（中略）私はそれを集めるスペシャリストなんです。（中略）』

『ユーモアのセンス！　ジョーク！　楽しみ！　重荷にあえぐ精神システムにとって、最高の強壮剤なんですよ。（中略）』

『それじゃ……君は、私たちのところをまわって、探しているっていうのかい、最新の……？』

『ご名答！　あなたがた人間は、私らの収集船をたまに見かけると、間違った考えを抱くみたい

ですがね。私たちのことで、UFOのジョークなんてのまで作ってるんですからね！』」（『究極の旅』日本教文社）

◎脳波と意識状態の関係

ここからはいよいよ、ヘミシンクについてお話ししたい。それにはまず、脳波と心身状態の関係から説明する必要がある。脳波はどれくらい早く変化するか（つまり周波数）によって5つに分けられる。

それぞれは43ページの表のように、心身状態に対応している。

体外離脱に代表される通常とは異なる意識状態（変性意識）は、特にシータ波を中心とする脳波のときに得られることが、すでに当時わかっていた。そこでモンローは、「音を用いて脳波や意識に影響を及ぼせないか？」と考えた。

しかし、ここには大きな問題があった。

そういった脳波は10ヘルツ以下という低いもので、人の耳で聞こえる範囲内（20ヘルツから1万

7000ヘルツ）にはなかったのだ。つまり、簡単にいえば肝心な音が聞こえないのである。

そこで、開発されたのがヘミシンクだった。

◎ヘミシンクの原理

ヘミシンクの基本的な原理は、ステレオ・ヘッドフォンを通して両耳に少しだけ異なる周波数の音を聴かせる、というものである。

たとえば、片方の耳に100ヘルツ、もう一方の耳に104ヘルツの音を聴かせる（どちらも耳に実際に聞こえる音）。すると、左右の耳で生じた信号が脳幹と呼ばれる脳の部位で出会い、その差4ヘルツで振動する「第3の周波数」が発生し、右脳と左脳に同時に伝えられる。その結果、脳は4ヘルツの脳波に誘導され、さらに左右両脳が同調して活動する「全脳状態」に導かれる。

この全脳状態は、日常的には稀《まれ》にしか起こらない。瞑想や座禅などを長年訓練してきた者の脳波に見られるといわれている。

しかもヘミシンクの場合、その状態が一時的な現象として現れるのではなく、音を聴いている間、維持されている。

脳波	周波数	心身状態
ガンマ波	>30Hz	神秘的状態、超集中
ベータ波	14 - 30Hz	はっきりと目覚めていている状態、日中の活動
アルファ波	7 - 14Hz	リラックスしている状態、知覚が開かれている
シータ波	4 - 7Hz	深いリラックス、浅い眠り、瞑想状態、高い創造性
デルタ波	0.5 - 4Hz	深い眠り、深い瞑想状態、身体の回復

（ヘルツ＝Hzとは、1秒間に変化する回数）

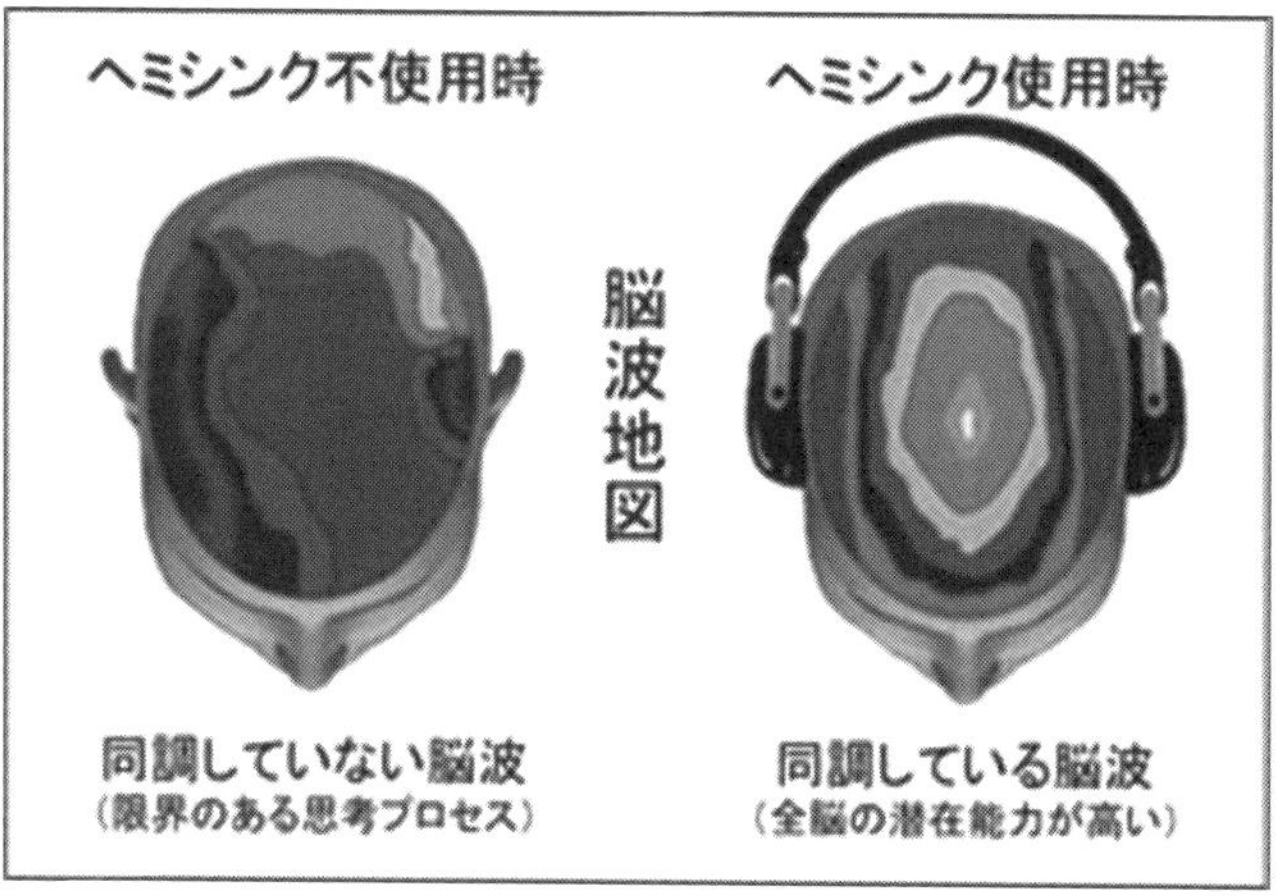

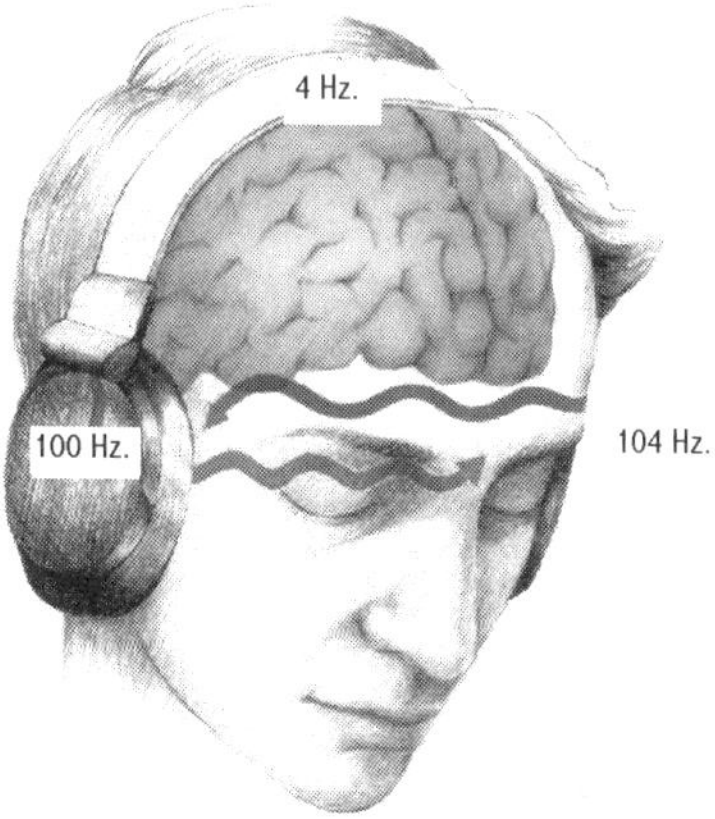

↑ヘミシンクが脳に与える影響。ヘミシンク使用時には、脳の働きが活性化する。
←ヘミシンクでは、左右の耳から聴こえる音の周波数の差を利用うして、その効果を発揮させる。

◎フォーカス・レベル

こうして到達する通常の意識とは異なる意識状態、すなわち変性意識にはさまざまな状態が存在する。

モンローはそのなかで有益な状態を特定し、それらにフォーカス・レベルという番号をつけた。「フォーカス10」とか「フォーカス12」といった飛び飛びの番号である（略称「F10」「F12」）。

そして、それぞれのフォーカス・レベルに導くためのヘミシンク周波数を特定していったのだ。

番号自体には大した意味はないが、基本的には番号が大きくなるにつれて、物質的な世界からは離れていく。

各フォーカス・レベルの概要は以下の通りである。

・フォーカス1

意識が物質世界にしっかりある状態。目が覚めた状態。

・フォーカス10

肉体は眠り、意識は目覚めている状態。自分のいびきが聞こえたり、手足の位置がよくわからなくなったりする。

・フォーカス12

知覚・意識が拡大した状態。意識は肉体的・空間的な束縛から自由になり、五感を超える知覚が可能になる。

「ガイド」と呼ばれる意識存在との交信がやりやすくなる。肉体から離れた場所に来て、そこからの視点で周りが見えるということが起こり得る。

・フォーカス15

無時間の状態。意識は時間的な束縛から自由になり、過去や未来へ行き、過去世についての情報を得ることができる。

この状態は、単に〝存在する〟あるいは〝空《くう》〟の状態——瞑想などの究極の境地であるともいわれている。

・フォーカス21

この世（Here）とあの世（There）の架け橋。物質世界と非物質世界の境界。亡くなった人やガイド、非物質存在との出会いが起こる。

◎ヘミシンクと体外離脱

ヘミシンクを聞いていると、このように特別な体験をすることになる。ではこれは、いわゆる体外離脱状態なのだろうか。それについてお話ししたい。

まず一般的にいわれている体外離脱だが、段階を追うとこうなる。

1：自分の全身（肉体ではない）が振動する。
2：自分が肉体から抜けだす（抜けでる過程を体験する）。
3：肉体から離れた視点から周りを把握する。
4：その際、肉体の感覚はまったくない。
5：肉体とは別の体があり、それを使う場合と、別の体はなく目（視点）だけの場合とがある。

一般的な体外離脱体験は、通常、こうした段階を踏むとされる。なかには1と2がなく、つまり段階を踏まず、気がついたら3だったというケースもあるが、それもまた一般的なものであり、体外離脱体験に含まれるとされる。

それに対してヘミシンクで一般的に体験する状態は1と2がなく、気がついたら3になっている、というものだ。

なお4については、意識を向ければ肉体の感覚はあり、手を動かすこともできる。5については、別の体があることもあるし、視点のみのこともある。

したがって、両者の決定的な違いは4の違いだといえる。肉体の感覚があることがヘミシンクの特徴なのだ。

そのためヘミシンクでの体験を、「バイロケーション」と表現する人もいる。つまり、どこか別世界へ行ってる自分と肉体内にいる自分というふたりの自分に分かれ、両方を同時に体験しているのだ。

重要な点は、別世界へ行っている自分が体験している内容にある。そしてヘミシンクにおける体験は、一般的な体外離脱で体験される内容と変わらないと考えられる。少なくとも、モンローの体験した内容と同じか類似の体験がヘミシンクでできることは確かである。

さらに、ヘミシンクのすぐれている点は、確実性だと筆者は思う。一般的な体外離脱の場合、意図的に起こそうとしてもなかなかかなうものではない。それに対してヘミシンクでは、眠ってしまわない限り、かなりの頻度でその状態へ入ることができるからだ。

◎ヘミシンクのセミナーとヘミシンクCD

モンロー研究所ではヘミシンクを体験する5泊6日の宿泊セミナー（「プログラム」と呼ぶ）を開発し、モンロー研究所や世界各地の施設などで開催している。

筆者もモンロー研究所レジデンシャル・トレーナーの資格を持ち、日本で年8回のペースで5泊6日のモンロー研究所公式プログラムを開催している。

2005年以来、公式プログラムの合計開催数は、133回になった（2023年末の時点）。

さらに筆者オリジナルの、「1日ヘミシンク・セミナー」も東京で開催している。

ちなみにモンロー研究所のレジデンシャル・トレーナーは全世界で30名ほどしかいないうえに、そのほとんどがアメリカに住んでいる。

また筆者の会社アクアヴィジョン・アカデミーでは、ヘミシンクCDの販売も行っている。詳しくは弊社ウェブサイト（www.aqu-aca.com）をご覧いただければと思う。

◎「ゲートウェイ・ヴォエッジ」

モンロー研究所の宿泊プログラムのなかで「ゲートウェイ・ヴォエッジ」は最初に受けるべき入門プログラムで、ヘミシンクの基礎を学び、フォーカス10、12、15、21を順に6日かけて体験するものだ。日本では年2回開催されている。

筆者は2001年4月にモンロー研究所でこのプログラミングを受講し、衝撃の体験をしてヘミシンクにはまってしまった。そのときとそれ以降にモンロー研究所で各種プログラムに参加したときの体験は、『死後体験』『死後体験Ⅱ』『死後体験Ⅲ』『死後体験Ⅳ』（いずれもハート出版）として上梓している。お読みいただけると、具体的にどういう体験をするのか、理解が深まると思う。

ここでは2001年4月の、初めての「ゲートウェイ・ヴォエッジ」における体験からいくつかを紹介したい。

↑『死後体験』（ハート出版）。

なお、文中に出てくるセッションとは、ヘミシンクを聴くことをいう。参加者は各自の部屋でベッドに横になり、ヘッドフォンから流れてくるヘミシンクの音を聴く。セッションは40分ほどで、通常の意識状態から10分から15分ほどかけて特定のフォーカス・レベルへと誘導され、そのフォーカス・レベルをしばらく体験した後、ゆっくりと通常の意識状態へ戻る。

モンロー研究所の5泊6日のプログラムでは、午前中に2ないし3セッション、午後に2セッション、夕食後に1セッション行うのが一般的で、6日間で二十数セッションが行われる。まさにヘミシンク漬け、という感じだ。

▼フォーカス12における体験(2001年4月9日)

午後2回目のセッションで、面白い体験をした。

このセッションはフォーカス12に達したら、その後は自由にその状態を楽しむというものだった。何をしようか迷ったが、とにかく入ってくる情報なりなんなりを何でもそのまま受け入れようと思った。

しばらくそのままでいると、突然強烈な女性の香水の匂いがした。それはわずか1秒ほどの間だったが、キャサリンの香水だとすぐにわかった。彼女は香水の匂いをぷんぷんさせているので覚えていたのだ。初めはエアコンを通して彼女の香水がここまで来たのかと思ったが、それはあり得ない。あれだけ強烈な匂いが瞬時に消え去ることは物理的に起こり得ないからだ。だとしたら彼女は、体外離脱してここにやって来たのか。それを筆者は、匂いで感じたのか。

その日の晩、キャサリンと話す機会があった。ミーティングの後で彼女に聞いてみた。

「さっきのセッション中に、おれの部屋に来た？」

彼女はちょっと困ったような顔をした。

「あんまり暇《ひま》だったので、みんなが何をしているのか、（体外離脱中に）ひとりひとりの部屋をチェックしたのよ」

やっぱりそうだった。彼女は来ていたのだ。その場に居合わせた人たちの何人かも、彼女の姿をセッション中に見かけたといった。後でわかったことだが、彼女を見た（あるいは感じた）のは筆者を含めて4人だった。

フォーカス12の状態では通常では見えないものが見え、聞こえない音が聞こえるという。私は彼女を嗅覚《きゅうかく》で感じたのだ。フォーカス12はこちらが考えている以上にすごい状態だといえる。いわゆる超常的知覚が働くのだ。筆者はともすれば視覚で得られる情報に気を取られがちなのだが、それ以外の知覚すべてに意識を向けておく必要がある。

▼フォーカス15における体験（2001年4月10日）

フォーカス15に到達。以前少しだけ体験したことのある、ポリネシア人だったころの過去世に行こうと思い、ガイドに連れていってくれと頼んだ。

ガイドとは、「守護霊」とも呼ばれる高次の意識存在である。各自に最低数人いるといわれている。モンローによれば何人もいる過去世の自己のなかで、霊的に進歩した人たちということだそうだ。

正直に書くが、私はこのときはまだ、ガイドの存在を信じていたわけではなかった。

ところが驚いたことに、ちょっと太めの黒人女性（30～40歳？）が突然現れて、私の前を飛んでいったのだ。ガイドが黒人なのもさらなる驚きだったが、彼女は向こう向きにいて、私は右斜め後ろから彼女を見ている。羽が生えているようにも、何かの機械に乗って飛んでいるようにも見える。彼女はこちらを見て微笑《ほほえ》んでいる。

森の上を越え、トロピカル・ビーチに着いた。映像は非常にクリアで驚くほど色鮮やかだ。大勢の褐色の肌の人が見える。上半身が裸で、腰にアシのようなもので作った着衣をまとっている（ハワイアンが身につけているものに似ていた）。

何かの儀式なのか、大勢人がいる。海に入っている人もいる。ただ、皆が同じ方向を見ている（沖の方角）。
　次々に鮮やかな映像が見える。海辺に建つ藁葺の家がいくつも見える。特に感情は伴わない。目の前にスクリーンが広がって、映画を見ているような感じだ。茶色の岩肌。青い海。自分は5歳くらいの子供の感じがする。鮮やかな映像が見えるだけで、この過去世についてそれ以上の情報は得られない。

　実はこの過去世は筆者にとって非常に重要な意味があるということが、その後に受けたライフラインで解明されている。

↑（上）解説書である『ヘミシンク完全ガイドブック全８冊合本版』（ハート出版）。（下）ヘミシンクCD「ゲートウェイ・エクスペリエンス」。

◎「ゲートウェイ・エクスペリエンス」

なお、市販されているヘミシンクCDのうち、「ゲートウェイ・エクスペリエンス」全8巻の第1巻（Wave Ⅰ）から第6巻（Wave Ⅵ）までは、ゲートウェイ・ヴォエッジで学ぶフォーカス10から21までを体験的に学ぶためのものである（第7巻［Wave Ⅶ］と第8巻［Wave Ⅷ］については後ほどお話しする）。

各巻に解説パンフレットが付属しているが、より詳しい解説書として、『ヘミシンク完全ガイドブック全8冊合本版』（ハート出版）をお読みいただけると、理解がより深まると思う。

第4章

死後世界と地球生命系の構造

◎死後世界のフォーカス

モンローは、人は死後も存続すること、そして死後世界があるということを見出した。フォーカス21まではこちら側の世界で、ここを越えていくと向こう側の世界、すなわち死後世界に入る。またモンローは死後世界は階層構造になっていることを発見し、物質世界に近い順にフォーカス23、24、25、26、27と名づけた。

ちなみにフォーカス22は、肉体的には生きているが、意識だけ死後世界へ行ってしまった人たちのいるレベルである。アルコールや薬物の中毒の人、あるいは事故や病気で昏睡《こんすい》状態にいる人がこのレベルにいる。

では、死後世界の各フォーカスについて説明していこう。

・フォーカス23

フォーカス23は、わかりやすい表現をすれば「囚《とら》われの世界」と呼ぶことができる。肉体としての生を離れたものの、その事実に気づかなかったりして、まだ物質世界のすぐそばの領域にいる状態である。俗にいう地縛霊や浮遊霊など。浮かばれない霊のいる世界も含まれる。

・フォーカス24〜26

フォーカス24〜26は、ひとまとめに「信念体系領域」と呼ばれている。ここには、共通の想いや信念、価値観を持つ人たちが集まって生みだした世界が無数にある。

たとえば、ある特定の宗教を信じている人たちが集まっている世界。修行しつづける人々がいる世界。仏教で説かれる修羅《しゅら》界のような世界。武者が多数集まり戦いを繰り返している世界……。

他に、特定の欲を求めつづけながらも、決して満足の得られない人々が集まっている世界などもある。

フォーカス24〜26の世界は、数字が小さいほどこの世に近く、信念もまたより強固なものとなっている。

・フォーカス27

フォーカス27は「中継点」と呼ばれている。次の生へ移るための準備をする場所である。

モンローによれば、次の生の選択肢は次の4つになる（『究極の旅』より抜粋）

1：人間の生をまた生きてみる（ほとんどの人はこれを選ぶようだ）

2：フォーカス27でヘルパーとしてしばらく手助けする。
3：他の天体の生命系に行き、そこでの生を体験する。
4：トータルセルフとのつながりを回復し、そこへ帰還する。

フォーカス27には、転生前の一時の休息と転生準備のために次の場（センター）が用意されている。そこには転生までの人の流れの順に「受け入れの場」「癒しと再生の場」「教育の場」「計画の場」がある。

さらに、これら以外にも場はいくつかある。たとえば、ユーモア・センター。ここは笑いの神様（フォーカス27の専任スタッフ）が最新のジョークやダジャレを作っては、生きている人へ提供しているとのこと。笑いはわれわれが考えている以上に重要なもので、周波数を一挙に高めるという素晴らしい効果があるのだ。

なお、人によっては死後真っすぐにフォーカス27まで来られる人と、そうではなく23から26のどこかに囚われる人とに分かれる。23から26に囚われていても、いずれは27まで来ることができるのだが、それを積極的にアシストする活動を「救出活動」と呼び、フォーカス27のスタッフによって常時行われている。またそれは、生きているわれわれが行うこともできる。

◎ライフライン

モンロー研究所の宿泊型プログラムの「ライフライン」では、フォーカス23から27を体験し、さらに前述の「救出活動」を学び、自分でできるようになる。

「ライフライン」はモンローによって1991年に開発された。

2007年以降は、日本でも開催されている。本書を執筆している2023年末の段階で、すでに日本でも24回開催されている。

そこで、ライフラインのセッションにおける筆者の体験をふたつ、紹介しておきたい。

ひとつ目はフォーカス23に囚われていた、過去世の自分のひとりを救出した体験である。なお当時は熱海のホテルを会場に使っていた。

▼2009年2月6日

熱海に来るといつも海のイメージが見えてくるので、海に関連する救出をしたいと思う。

「いいだろう。これはかなり昔の過去世だ。あなたは海でおぼれて死んだ。まだ子供だった。男の子だ。船で海に漁に出ている」

青い海。自分は船の中央部にいるのか、船の先の部分が見える。網《あみ》を投げるときか、網にからまったまま、海へ落ちてしまった。網から出られない。そのまま沈んでいく。上に青黒い水面が見える。もがいても出られない。

「この子は今では半分眠ったような状態にいる」

どうやって救出しようか。さっきのセッションでは、イルカと泳ぐということをやった。それが頭にあったからか、自分はイルカになっていた。子供のところへ泳いでいく。自分は海の精だ。鼻先でつんつんと子供をつつく。

「起きなさい、起きなさい」

もう一度つつく。目が覚めたようだ。

「ここから出られないよ」

「私は海の神様。だから、あなたをここから出してあげるよ」

そういうと、子供を網ごと頭で押して、ひょいっと陸のほうへ放り投げた。どうやらここは浜からすぐのところだったらしい。

子供は網ごと砂浜に飛んでいった。子供は網から出てきた。私はいつの間にか大人の男になっていて、砂浜で子供を待っている。子供と一緒に浜を歩いていくと、両親が迎えにきたのか、子供は喜び勇んで向こうへ走っていった。

「おじさん、ありがとう」

そういう声が聞こえてきた。


次はフォーカス27でのちょっと珍しい体験である。

▼2021年11月14日

フォーカス27に着いた。木々の多い公園が見える。インフォメーション・センターに行くことにする。建物のなかへ。

だれかが出迎えに来て、握手をした。すると、左手から男性がやってきた。紺色のシャツを着て、チノパンをはいている。顔は自分によく似ているが、目が少し大きい。これってもしかして自分なのか？

向こうの自分。

「こちらに分身を置いているんだよ。もう10年以上も前から。ライフラインなどでF27まで来たことがある人たちが、夜にここまで来たら、案内するんだ。ここでいろいろ学べるように手助けをしている。あなたがそう望んだんだよ。こちらでヘルパーの役をやることで進歩することができるから」

F27で私が講義をしてるのを見た人とか、夢のなかで会ったという人がいるのは、このためか。だいぶ前になるが、初対面なのに、「F27で何度もお会いしているから知っている」という人がいた。私がその人を認識しないことに驚いていた。

トレーナーのひでさんの顔がチラチラ見える。

「ひでさんもこっちに分身を置いてるよ」

「そうなんだ」


フォーカス27では、すでに亡くなった知人や家族に会うことがある。ただし、彼らはフォーカス23から26にいることもあるので、フォーカス27で必ず会えるわけではない。

筆者の父は2005年8月に86歳で亡くなった。亡くなってすぐにガイドから、フォーカス27へ連れていったといわれた。その後、フォーカス27へ行くと、癒《いや》しと再生の場にある病院内で寝ている父を見かけた。

声をかけてもまったく気がつかず、眠っている様子だった。その後もしばらくは、そういう状態が続いた。

ところが1年後に会うと、リハビリの一環でソニーの工場で単純作業をしている、といっていた。また、フランス語の勉強もしている、と。

その後会ったときには、ガイドになるための訓練を受けているといっていた。そしてこれから紹介するのは、その後しばらくして会ったときのエピソードである。

▼2017年11月14日

フォーカス27に着いた。

F27のレセプション・センター(受け入れの場)にいる、受付担当の女性スタッフに会うことにする。すぐに目の前にいる感じがする。話しかける。

「父に会いたいのですが」

「えーと、あなたは坂本政道さんですね。こちらでは有名ですよ。坂本英雄さま、坂本英雄さま、こちらまでお越しください」

場内アナウンスのような感じで呼んでいる。こんなことをするんだと、少し驚いた。

すぐに人がやってきた。まわりの景色が変わった。父の姿がときどき見える。生前の姿そのままだ。

「おー、政道か。おまえはこっちでは有名で、その父ということで誇らしいよ」

「お父さんは忙しそうですね」

「そうなんだ。前にもいったがガイドの見習いをしばらくやった後、ガイドになり、いろいろな人を導いている。責任重大なんだ。特に今、この大変化の時代、この流れに皆が乗っていけるように導かないといけない」

「お母さんは元気にしていますよ」

「知っている。ときどき様子を見ているから。おまえも生まれる前からこの人生を予定してきたんだな。知らなかったよ。すごいやつだな。これまでにもいくつもの人生で一緒だったな。アメリカでネイティヴ・アメリカンだったときとか」

がっしりとハグし合う。ネイティヴ・アメリカンのときに、よくこれをやっていたことを思いだした。

「孫のNくんとも昔からの知り合いだぞ」

やはりそうなんだ。

「それじゃな」

離れていく。

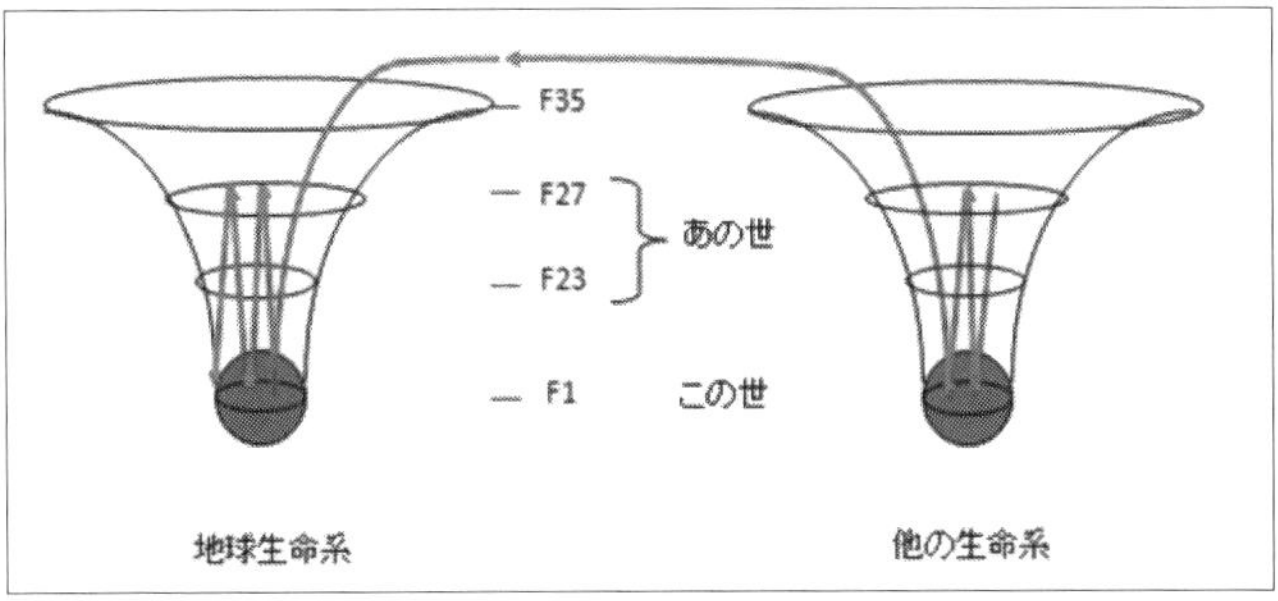

↑精神世界への出入り口となる、フォーカス34／35のイメージ図。

◎フォーカス34／35

さて、フォーカス27までが死後世界で、多くの人はフォーカス27から物質世界へと戻ってくる。だがなかには地球生命系を離れて、他の星にある生命系に行く人もいる。そういう場合は、フォーカス34／35を経由していく。というのは、このレベルに地球生命系の出入り口（ポータル）があるからである。逆に地球に興味を持った地球外生命体は、このレベルから地球生命系に入ってくる。

フォーカス34／35にはまた、地球生命系への出入り口という機能・特性の他に、「集合」という機能・特性がある。それは次のふたつの集合として表出している。

1：人類のアセンションを手助けするため、あるいは観察するため、多数の地球外生命体がF34／35に集結している。これをモンローは「大集合（ギャザリング）」と呼んだ（本書第3章で紹介した『魂の体外旅行』のエピソードを参照）。

2：自分がこれまでに体験したすべての生命体験（過去世）の集団がある。モンローはこれを「I/There（アイゼア、向こうの自分）」と呼んだ。各人のI/Thereが独立してある。

1と2については章を変えて説明するが、その前にモンロー研究所のプログラムとCDを紹介しておこう。

「エクスプロレーション27」（略称X27）

X27はモンロー研究所の宿泊型プログラムで、日本でも開催されている。フォーカス27の各センターを順に体験する。また、地球コアを訪れ、地球の維持管理に関わる知的存在と交流する。さらに、フォーカス34／35を探索し、このレベルに集結する地球外生命体と交流する。また、自分の過去世の集団（I/There）にアクセスし、そのメンバーと交流する。

1995年にモンロー研究所トレーナーのフランシーン・キングにより開発され、日本では2007年以来、毎年開催されている。この本を執筆してる2023年の段階で日本では18回開催している。

「ゲートウェイ・エクスペリエンス」第7巻（Wave Ⅶ）と第8巻（Wave Ⅷ）第7巻（Wave Ⅶ）は、ライフラインで体験するフォーカス23、25、27を体験的に学ぶためのものである。また、救出活動についても学ぶ。

第8巻（Wave Ⅷ）は、エクスプロレーション27の前半で学ぶことがら、つまりフォーカス27の各センターについてと地球コアを体験的に学ぶためのものである。

第5章

地球外生命体の大集合

◎「エクスプロレーション27」と巨大宇宙ステーション

人類のアセンションを手助けするため、あるいは観察するため、多数の地球外生命体がフォーカス34／35に集結している。ヘミシンクでは、彼らと会い、交流することができる。そのためのプログラムが「エクスプロレーション27」（略称X27）である。これまでに多くの参加者が地球外生命体とその乗り物に遭遇している。

X27に参加するようになり、2008年にF34／35に巨大な宇宙ステーションが建造されていることに気がついた。その後も行くたびに巨大化している。何のための施設なのか、情報を得たいくつかのセッションでの体験を載せる。

▼2008年8月15日

いつの間にかフォーカス34／35へ来ていたのだろうか、真っ暗な宇宙空間にいる。視界の下半分に青白い球体が見える。地球だ。かなりの上空だ。地球の直径の半分くらいの上空だろうか。

何本もの黄色っぽいパイプで作られた巨大な構造物が見えてきた。水平方向に伸びている。宇宙ステーションという印象だ。

ここにF21からF27経由でエレベーターが何本も直結しているのだ。他の生命体の乗り物（宇宙船）もここに何台もドッキングしているらしい。どうも最近、急ピッチで作られたという印象だ。

ここに地球外生命体たちがやってきて、交流する。彼らはここからさらに、F27やF21へ行っている。だから、F21にあんなに大勢の宇宙人がいるんだ。それに以前、F21でエレベーターに乗ったら、宇宙服に身を固め、ヘルメットをつけた異星人が乗ってきてびっくりしたことがあった。それはこのエレベーターだったんだ。

▼2013年10月7日

フォーカス34／35に来た。宇宙空間。さまざまな宇宙船が数珠《じゅず》つなぎになっているのが見える。巨大な宇宙ステーションが見えてきた。

ガイドがいう。

「前に何回か来たことがあるが、F34／35には巨大な宇宙ステーションがある。前にもここに来たことがあるだろう。

実はこれは、人類が次のステップに上がってくると必要になる施設なのだ。これまでのF27の代わりになる施設だ。

ご存じのようにアセンションによって人類はひとつ上の段階に達する。そうなるとF27が今の覚醒のようなものになる。F27にあるさまざまな施設は役目を終了し、あらたにF34／35にできる施設を使うようになる。

人類は他の生命系と自由に交流するようになるので、ここがそのための場に、つまりここを通して他の星へ自由に行き来できるようになる。

2012年まで地球は隔離されていたが、それが取れたことは知っているだろう。人類は他の生命系と自由に交流していいのだ。

そのためにF34／35に建築中の巨大宇宙ステーションが使われるようになる。

あなたは死後、ここで働くことになるかもしれない」

▼2014年7月9日

フォーカス34／35へ着いた。暗いなかに球体が見える。表面がもやっとしている。地球のようだ。

「はい、地球です。F34／35の視点から見ているため、非物質界F27が表面にあるので、もやっとして見えるのです」

暗いなかにさまざま形の構造体（宇宙船？）が見える。はっきりと把握できるわけではないが、それがつながっているようにも重なっているようにも見える。宇宙ステーションの一部を見ているのだろうか。

「あなたはまだ正確に把握できているわけではありませんので、見えたものをそのまま信じないほうがいいでしょう。

宇宙ステーションの一部を見ているのです。宇宙ステーションは広大なのです。なにせ何十万もの生命体が居住するための空間を用意する必要があるのですから。

今回はあなたに、この宇宙ステーションについて紹介することになっています。

ここでは地球と人類についてのあらゆることを学ぶことができます。

はじめのころは宇宙船それぞれがそれぞれのやり方で地球と人類について学んでいたのですが、それでは非効率だということで、この宇宙ステーションが作られて、ある程度共通化した形で学べるようにしました。

ただ、ここに来る生命体には大きなバリエーションがありますので、すべてに対応できているわけではありません。大方が理解できるような形にしています。

多くの生命体は今現在の人類の状況に興味を持っていますので、それぞれの地域や国の政治、文化、言語について学ぶような場があります。さらにはそれぞれの歴史や全体の歴史を学ぶ場もあります。

イスラム教、キリスト教、仏教などの宗教についても、です。

もちろんそれは、今の人類の歴史です。人類がどのように生みだされたのか、どういう異星人が関与したのか。さらにその前のアトランティスやムーの時代についての歴史、地球全体の始まりからの歴史について学ぶことができます。

人類の歴史について、詳細に知りたいという生命体もいますので、そのために、ピンポイントでその時代へ行く施設もあります。フォーカス15を利用した施設です。

このような歴史の詳細に興味をもつ生命体もいますが、まったく興味をもたないものもいます。

多くは日常生活に興味を持ちます。食事の場を先ほど見ましたが、その一環です。サラリーマンの生活とか、ごく普通の生活がとても珍しいのです。セックス（子孫の再生産）にも興味を持っています。

彼らの多くはセックスと子づくりを純粋に楽しみます。人間がどうして偏見を持っているのか興味を持っています」

◎宇宙ステーション内でETと会う

▼2020年8月21日

宇宙ステーションへ着き、ドアが開く。何かが出迎えてくれている。目が緑色で大きい。カマキリのような形か。顔や体が灰色。この背中に乗って移動。自分と関連の深いET（地球外生命体）のいる部屋へ。実はこの生命体は、自分と関連の深い生命体なのだ。

カマキリ型は宇宙では多いとのこと。

手足が6本ある以外は、人間と同じ感じで行動する。手足が多いぶん、便利だ。

気がつくと、自動車に乗って自分で運転している。自分自身がカマキリのようでもある。

情報が来た。

物質文明だが、第4密度。けっこう進んでいる。会話は言葉とテレパシー。

どこから来たのかと聞いたが、答えはよくわからない。星の名前がないようだ。

私との関係は、ITクラスター（後述する）のメンバーだとのこと。

自分へのメッセージやプレゼントは、と聞く。

「あなたに、それから地球人類に愛をあげる。愛があなたの知覚を広げることができるでしょう」

また会いたいというと、「今週何回も会えます」とのこと。

▼2008年8月15日

巨大な宇宙ステーションを眼下に見ていると、何かもっと私に伝えたいことがあるのだろうか、左手の方角に引っぱられていく。

「あなたはめったにここまで来ないし、こういうふうに交信できることもあまりないので、この機会をぜひ使いたいんだ」

どんどんと左手へ移動。パイプは、宇宙ステーションから別の天体まで伸びているらしい。そのまま左手へどんどん進んでいく。

「太陽系外へ出るには、F42まで行かないといけないのに」

そう思っていると、

「そういう面倒くさいことは考えなくていいよ。ともかく行かれるんだから」

どうもワープのような航法を使うのか。

どこかの天体のところへ来て、止まった。ここが彼らのホームのようだ。

「ここはシリウスBのそば。重力が強いので空間がゆがんでいる。そのなかに住んでいる」

白い壁でできた曲がったロート状のなかへ入っていく。まるでさざえの殻《から》のなかへ入っていくような感じだ。赤い液体が白い壁を濡らしている。ロート状の底をその赤い液体が満たしている。何かセクシーな感じ。鮮血を見ているような。

「生命エネルギーの表出だから、そういうとらえ方もあながち間違いではないよ」

どういう生命体なんだろうか。

「こういうふうな形に生命エネルギーを表現して生きているんだ。これが喜びなんだ。非物質だけど、この強い重力のなかに住んでいる」

「子供も生まれたりするんだろうか」

「しないよ。死ぬということもないんだ」

視界が変わって、暗い青い海の底のようなところが見えてきた。

「このそばの天体には、物質的な生命もいるよ。ここは海のようなところだ。水じゃないけどね」

硫酸コバルトなのだろうか。

「その手の液体だ。強い重力のせいで液体なんだ」

何か球状の生物がいる。白っぽい触手が何本もまわりに伸びている。他にもたくさん生物が見える。皆、触手を伸ばしている。

「こういう生物は意識の発見段階がまだ低いんだよ。地球の海にいるのと同じ程度だよ。われわれは天体にいるというよりも、曲がった空間内にいるんだ。ずっとそうしていたんだけど、あるとき、ある個体がさっきのパイプをずっとたどっていったんだ。そうしたら、地球へ来たってわけだ。あの宇宙ステーションへね」

一緒に地球のほうへ戻っていく。

「初めはびっくりしたね。状況が飲みこめて、慣れるまでだいぶ時間がかかったよ。この宇宙ステーションには学習するための場があるんだ。先生もたくさんいて、いろいろと教えてくれるんだよ」

この生命体の全身が見えてきた。イカのような白っぽい生物。ところどころ赤色の部分がある。非物質なので、それほどはっきりとは外形が定まらないというか、把握できないが。

「男とか、女とかはあるの?」

「だいぶ昔はあったみたいだけど、今では皆、忘れてしまっている。個体間にもテレパシーでの交信があるので、人間ほどには個別化していないんだ。私はあなたのI/Thereのメンバーなんだ。あなたの分身といってもいいよ」

「そういえば、前にシリウスに来たときに見かけたことがあったね。イカのような形の生命体が宇宙空間を泳いでいたんだ。びっくりしたよ」

宇宙ステーションの上空に着いた。

「じゃーね。またここまでおいでよ。他にもいろいろなメンバーに会えるよ。みんなここに来ているんだ。ここまでちょくちょく来たほうがいいよ。あなたはヘミシンクを使わなくたって、来れるんだからさ。じゃ、また」

実はこの体験の7年後に筆者は、またこの生命体に会っている。

▼2015年7月6日

フォーカス34／35に着いた。真っ暗な空間にいる。何かが目の前に来た。ちょっともやっとしたエネルギー体。挨拶する。

「よく見えなくてすみません」

「あなたとは毎回会っていますよ。気がつかないことも多いですが」

「あのシリウスのイカ星人ですか？」

「はい。実際は、そういう姿ではないんですが、あなたはそう知覚しています」

だいぶ前にイカ形の生命体に会い、その星へ連れて行ってもらったことを思いだした。そのときはI/Thereのメンバーだといっていた。白と赤のインクの流れのような生命系だった。

「ちょっとまわりの様子を把握してみてください。ここにはたくさんの生命体が集まっているんですよ」

なんとなく、もやっとした白っぽいものがいくつも見える。

別のものが目の前にやってきた。縦長で羽があるような形に見える。羽をパタパタしているような感じだ。

「私もあなたとよく会っていますよ」

「そうなんだ」

「こちらへ来てください」

この2体の生命体と一緒に左手へ移動していく。

スタジアム状のところが見えてきた。自分のI/Thereだ。やはりI/Thereのメンバーだったんだ。しばらく見えていると、全体に青白くなり、青白い結晶（筆者の会社アクアヴィジョン・アカデミーのロゴの形）が輝いているのが見える。これは自分のI/Thereの象徴なのだ。青白い輝き。これがどうも自分のI/Thereの色でもあるようだ。

ここでいうI/Thereとは、自分が生みだされて以来、体験したすべての自分の集団のことで、詳しくは次の章でお話しする。

▼2017年11月8日

フォーカス34／35に着いた。真っ暗ななか、白っぽいいろいろな形が見える。

そのなかのひとつが目の前に来た。

「今までもいつも目の前まで来ていたのですが、認識してもらえなくて。今回初めて認識してもらえて、うれしい」

何か、白いところに金色や青、赤、緑などの色が見える。宝石のようなものがじゃらじゃらあるような見え方。美しいが派手な感じ。

「私は美しいでしょう？　私たちはどこでも美しいと崇《あが》められています。地球のいくつかの社会で美の神として崇められています。また、いくつもの星で美の神として崇められています。私たちは神ではないのですが、そういうふうに崇められるので、その役割を演じています。

それが彼らの癒《いや》しになるのであれば、それもいいかなと思っています。彼らの願いを叶えてあげたりします。

ただ、私たちはあなたと同じような生命体です。でも、必要とされているところでは、その役を演じているのです。

あるとき、何人かがそういうふうに崇められていることに気づいて、他の皆がまねをし始めたのです。

おとめ座は美しいですか？　おとめ座から来ました」

「結婚していないという意味です」

「そうですか。美しいのかと思っていた」

だから、おとめ座から来たといったようで、本当におとめ座から来たかどうかはわからない。

姿はよく把握できないが、ともかく金、銀、赤、青、緑といった色が見える。

「私たちは地球上の『一番美しい鳥』と呼ばれる鳥に似ているかもしれません」

この生命体から離れる。

後で調べると、ケツァルという鳥が世界でもっとも美しい鳥と呼ばれているらしい。確かに非常にカラフルだ。

▼2022年7月11日

フォーカス34／35に着いた。暗いなかに何やらいろいろあるのが見える。形はつかみどころがないが、宇宙船なのか。何かが目の前に来た。会話を始める。

「こんにちは」というと、「Hello there」と2回聞こえる。英語ができそうなので、英語に切り替える。

「英語を学びはじめたところで、日本語はわかりません」

「そうですか。じゃあ、英語で話しましょう」

「でも、日本語で話しても大丈夫ですよ。文意が伝わりますから」

「そうですか。では日本語にします。どの星から来たのですか？」

「いて座」

と聞こえる。

「遠くの星です。地球からは暗くて見えません」

4000光年と後で伝わってくる。

「私との関係は？」

「ここにいたら、あなたが突然現れました。人間と話すのは初めてです。人間は楽しいですか？」

「いや、いろいろありますよ。楽しいときもつらいときも」

「そうですか。地球は宇宙では有名ですよ。いろいろな経験ができるので、みんなが興味を持っています」

「あなたは肉体を持っているのですか？」

「はい、星では肉体を持っています。地球には肉体の周波数を上げてやってきました。星を代表して来ています」

「どういう体なのですか？」

「説明が難しいです。地球にはないタイプです」

「そうですか。どうもありがとうございました」

じゃあ、次に行こう。

暗いなかにいろいろな形が見える。何かが目の前にやってきた。魚のような形が一瞬見える。

レポーターのようだ。

「どこから来たのですか？」

「かに座」

と浮かぶ。

何か話したのだが、思いだせない。

◎シリウス系の龍型生命体

龍型生命体との出会いや交流については、拙著『ベールを脱いだ日本古代史』（ハート出版）に詳しく書いたので、詳細は同書に譲り、ここではその要点と現段階で理解している内容を紹介したい。

東京藝術大学出身の音楽家である森岡万貴さんとひょんなことから知り合いになり、彼女にいわれるがまま、２０１１年２月23日に奈良県桜井市にある三輪山《みわやま》を訪れた。すると、予想だにしなかったことが展開した。

三輪山には龍が封印されていて、筆者と森岡さんが頂上へ行くことでそれが解放され、天へ戻っていったのだ。そのときに次のメッセージを受け取った。

「我《われ》／そちはここに祀られている。ここに降りてきて国を開いた。よき民、よき水の地なので、ここに国を開き、国を治めた。ところが、あるとき、異国に攻めこまれて、滅んだ。そのときに、多くの巫女《みこ》たちが死んだ。そのときの無念さをいまだに持っていた。それをそちは胸の奥にもっていたのだ。そちがここへ来られて、我は天へ帰ることができる。完結した。思い残すことはない。これで、エネルギー的な封印／自縛《じばく》が解けるだろう。我に従う多くの者たちも天へ戻ることができる」

その後、モンロー研究所の「スターラインズ・プログラム」（詳細は後述）などを通して、この龍との関係についてさまざまなことがわかった。

筆者は過去世で、奈良の三輪山あたりに住む縄文人の族長兼シャーマンだったのだ。ガイドによると紀元前6世紀のことらしい。

そのときの筆者はときおり20名ほどの仲間と三輪山の頂上まで登り、そこで踊ってトランス状態に入っていた。すると上空から大きな龍が降りてきて、体外離脱した筆者と一緒に上空へ昇っていった。

その後、彼らの宇宙船内で交流した。どういう交流だったのか教えてもらったことがある。

▼2013年10月9日

フォーカス34／35。透明度の高い暗い宇宙空間に来た。今回はシリウス系の龍の宇宙船に行こうと思う。

ふと気がつくと、目の前に大きなお皿があり、そこにさまざまな食べ物が乗っていて、そのひとつを手でつかんで食べていた。あれ？　何をしているんだろう。

「ようこそ。昔もこうやってわれわれの宇宙船に来ては、いろいろな珍しい食べ物を食べていたんだよ」

私は昔、シリウス系の龍の宇宙船内にも来ていたようだ。

「あのときのあなたは、地上では部族の長《おさ》で偉い存在だった。地上ではかしこまってメッセージを伝えたりしていた。いつも威厳《いげん》のある行いをしていた。

だから、ここへ来ると羽目《はめ》を外して、われわれと飲めや歌えのどんちゃん騒ぎをしていた。宇宙のいろいろな食べ物をあなたが食べられる形にしてあげたのだ。それからわれわれは宇宙のいろいろな星の話をしたり、地球上の別の国の話をしたりした。あなたはとても興味を持って聞いていた」

「あなたはすごくカジュアルな話し方をしますが、本当は相当偉い存在なんですよね」

「確かに。中南米ではククルカンとかケツァルコアトルとか呼ばれた神だ。他にも中国やチベット、オセアニアでも神だった。エジプトではそれほど活躍していない」

「日本でも活躍したのですか」

「そうだ。出雲《いずも》や天橋立《あまのはしだて》、それ以外のところでも縄文人にも稲作民にも龍神や蛇神としてわれわれの仲間が祀られていた」

「そういうところでは女性と男性と二神いますよね」

「そう、龍の女神もいる。あなたも前にわれわれの宇宙船内で出会っただろう」

「日本に他のところでまだ囚われている龍神はいるのですか？」

「囚われている大物はもういない。

私はあなたとはI/Thereクラスターでつながりが強い。あなたはプレアデスやオリオン系だが、われわれはシリウス系だ。ともに上ではつながっているのだが。われわれの仲間はエリダヌス座のイプシロンなど多くの星にいる」

この龍型の生命体たちはシリウスを経由してこの宇宙へ来て、さらに地球に来た。シリウスに住んでいるわけではないので、シリウス系と呼ばれる。

この龍たちは縄文人やその後この地に入ってきた稲作民に信奉された。三輪山では大物主神《おおものぬしのかみ》という蛇神として信仰された。『古事記』などに登場する。

筆者が過去世で交流していたのは紀元前6世紀のころだが、その後、龍たちは三輪山の地が天照《あまてらす》大御神《おおみかみ》を信奉する部族（アマテラス族）に征服された際に、物部《もののべ》氏の始祖である伊香色雄《いかがしこお》により三輪山の頂上に封印された。

伊香色雄はオリオン系のネガティブなＥＴとつながっていて、強い霊力があり、封印することができたのである。

その際に大物主神を祀る多くの巫女たちも殺され封印された。その封印に箸墓《はしはか》古墳は何らかの関連があると思われる。

ところで、龍の宇宙船内で筆者はかつて、飲めや歌えのどんちゃん騒ぎをしていたとのことだが、あの龍宮が海ではなく宇宙にあったとすれば、龍宮伝説は宇宙空間を舞台にした実話だった、ということになるかもしれない。

◎諏訪大社の龍神

「坂本政道&原レオン八ヶ岳の聖地で宇宙・高次存在とつながる」という長い名前のセミナーの一環で、２０２１年８月22日に長野県の諏訪《すわ》大社に行き、上社前宮《かみしゃまえみや》と本宮《ほんみや》を参拝した。

その晩、宿泊施設のホールで高次存在を呼ぶワークを行った。皆で輪になって座り、ヘミシンクの曲を流して瞑想《めいそう》する。その際、「輪の真んなかに光の柱を立て、そこに降りてきてもらう」ということを全員でやる。

しばらくすると光の柱に巻きつくように大きな龍（あるいは大蛇）が降りてきた。そして床をぐるっと回って、輪のなかに居つづけた。

諏訪の神だ。

後の体験シェアで確認すると、参加者のRさんも同じものを見ていたという。Rさんはさらに「この龍は昼は諏訪大社から離れられないが、夜は自由にどこへでも行ける」といった。また「龍が回るのに合わせて坂本さんが揺れていた」とのことだった。

Rさんによると、筆者は過去世で神官（諏訪大社か？）で、彼女は巫女だったそうだ。

諏訪大社では龍神が、まだ現役で働いているようだ。

諏訪大社の御祭神は、建御名方神《たけみなかたのかみ》と八坂刀売神《やさかとめのかみ》とされるが、諏訪大社のホームページには諏訪明神としか出てこない。

また、諏訪大社の神をヘビ（あるいは龍）と見なす信仰は昔から伝わっており、この諏訪の神がヘビまたは龍として登場する伝承や民話も数多く残されている。

ということは、諏訪大社の御祭神を建御名方神と八坂刀売神とするのは『古事記』による創作であり、真実ではない可能性が高い。

◎ヤイエル

バシャールによると、最初に人類がコンタクトするＥＴ（地球外生命体）はプレアデス人で、その次はヤイエルであるという。ヤイエルは、グレイと人類のハイブリッドだ。

まず、グレイについて説明する。

バシャールによると、グレイとは並行宇宙の地球に住む人類であり、感情よりも知性を重視する価値観のために、環境破壊が進んでしまい、地表に住めなくなった者たちだ。さらに子孫も残せなくなり、遺伝子操作でクローンを作ることでのみ生存していた。

あるとき、並行宇宙にあるわれわれの地球と人類の存在に気づき、時空にトンネルを作ってやって来た。そして人類を誘拐し、人類の遺伝子を用いることで、人類とグレイのハイブリッドを生みだすことに成功したという。その際、卓越した遺伝子技術を持っているレティクル座ゼータのカマキリ型生命体が手助けした。

そうして作りだされた第３世代のハイブリッドがバシャール（エササニ人）で、第４世代がシャヤエル、第５世代がヤイエルである。

ヤイエルは「シャラナーヤ」とも呼ばれるが、見た目は人類にかなり近い。彼らは人類とコンタクトした後、地球に住むようになり、人類と混血して第6世代のハイブリッドであるエナニカになる。

バシャールによると、ヤイエルは少人数がもうすでに地球上に住みはじめていて、それ以外も地球に住む練習をしているそうである。郊外の人の住んでいない廃屋にある期間住み、練習が終わったら、別のグループと入れ替わるとのことだ。

さて、次にフォーカス34／35で筆者がヤイエルと遭遇したエピソードを紹介する。

▼2021年7月6日

フォーカス34／35に着いた。

真っ暗ななか、目の前に白っぽいものがいくつか見える。それが三角形になった。不安定だが、基本的に三角形がずっと見えている。これはバシャールかヤイエルの宇宙船なのだろうか。そのなかへ入る。会話が始まる。姿は見えない。

「流れを遮《さえぎ》らないほうがいいので、どんどん話します。私たちはヤイエルです。この前の『スターラインズ・リユニオン』では、夜に小型のプローブを多数飛ばしてお見せしました。今後、地球人とのコンタクトは増えていきますが、まずあなた方はモンロー研究所のプログラムでこちらへよく来るので、コンタクト先として選ばれました」

ひとりではなく10名ほどいる。そのなかのひとりが代表して話している感じ。先頭にひとり、後ろにふたり、その後ろに3人という感じで三角形をなしている。

「私たちは宇宙船で生まれ、宇宙船のなかで育ちました。今後は地球に降りて人類の間に住んでいくことになります。ただ、地球で生活することに慣れていないので、厳しい気候などに慣れていくことが必要になります。食べ物は当面、宇宙船から供給されます」

「科学、技術などを地球人に教えてくれるのですか？」

「はい、少しずつ」

「でも、軍事に悪用する国も出てくるんじゃないですか？」

「そういう国や人がいない周波数状態になった世界にのみ、私たちは現れます」

「中国やロシアはどうなるのでしょうか？　今後、革命でも起こって、自由主義になるのでしょうか？　そんなに急になれるのでしょうか？」

「はい。そういう状態になった世界でのみ私たちが現れます」

▼同日の次のセッション

フォーカス34／35に着いた。

ヤイエルとの会話を続ける。

「私たちは巨大な宇宙船に住んでいます。いわゆる母船と呼ばれる宇宙船です。なかには地球の自然環境が作られています。山や川、森、海、湖もあります。ただし、そのまま再現すると大きな空間を必要とするので、空間を少し曲げるなりして、それほど大きくない宇宙船内にすべて入るようにしています。つまり、実際の宇宙船の大きさよりも遥かに大きな空間が広がっています。そのなかで私たちは、地球での生活に慣れるように訓練しています」

緑や茶色などのさまざまな色の形が、ごちゃごちゃとジクソーパズルのように固まって見える。

「あなたは情報の断片を統合してひとつのイメージにまとめることができないので、そういうふうに見えるのです。断片を断片のまま受け取っています。

私たちのなかの10数万人はすでに、地球上で生活しています。私たちにとって一番困難な点は、人間のさまざまな思いをすべて受け取ってしまうということです。それをシールドできるような訓練をできた者が今、降り立っています。

今後、人類の周波数が15万ヘルツになってくると、私たちと同等になり、それほど悪い影響を受けなくてすむようになります。

先ほどの中国やロシアなどの国の話ですが、アメリカや日本のような自由な国になる必要があります。あなたの周波数が高くなれば、そういう並行世界にあなたが住むようになります。ですから、中国やロシアの状況がバロメーターとなります。

もうひとつの可能性は、こういった国があなたの世界から消えてしまうことですが、その確率は低いでしょう。

あなたが移行する並行世界ではすでに革命のようなことが起こっていて、中国やロシアは自由な国になっているというのが、ひとつの可能性です。これから革命が起こる、というよりは……」

▼同日の次のセッション

フォーカス34／35。

真っ暗ななかに三角形が見える。白い透明なガラスのような三角形。というより三角錐《すい》。下向きに尖《とが》っている。これが彼らのシンボルなのか。

「それでは、先ほどの続きです。私たちと人類が正式にコンタクトすると、ちょうど日本が開国したときのような状態になります。あなた方が希望すれば、私たちの持つ科学、技術、社会制度、経済制度を学ぶことができます。

私たちから押しつけることはしません。あなた方が受け入れられることから徐々に始めて、あなた方の社会制度、経済制度を変えていきます。病気や貧困、食糧問題などいっさいない世界を実現できます。

また、環境問題や地球温暖化の問題を解決する策もあります。ただし、そのまま受け入れるかどうかはあなた方次第です。受け入れられるような形で徐々に受け入れていくでしょう。

今、大富豪である人たちの反発は大きいかもしれません。現状維持が好ましいと思うからです。そういう人たちとのゴタゴタはあり得ます。

ですから、変化は徐々に起こるでしょう。

あなたは今後、毎日私たちとコンタクトをするといいでしょう。そうしていくと、周波数が上がり、私たちの宇宙船に乗る日がやってきます。まずは、非物質状態で。その後、肉体を持ったままで。そうすれば、私たちもあなたの日常に姿を現すようになります。

これはすべて、一歩ずつ起こることです。あなたの進捗《しんちょく》状況を見ながら進めます。

あなたの周波数が上がっていかないと、この進捗も遅くなります。

あとは、シンクロニシティが起こるようになってきます。その頻度がひとつのバロメーターになります」

「それは今後、ヘミシンクは必要なくなるということ？」

「いえ。多くの人が学ぶことで、私たちとコンタクトしやすくなります。こういう世界があるということを理解するうえで、重要な技術です。今後……10年はますます必要になります」

「先ほど見えた透明なクリスタルのような逆さの三角錐は、あなた方のシンボルなのですか？」

「はい、そうです。これをイメージすれば私たちとコンタクトできます。あなたの場合は、イメージではなく、会話ですが」

「あなたは日本語で私に話しているのですか？」

「いえ。あなたには情報を与えています。あなたはそれを日本語に翻訳しています。テレパシーです。あなたは今、暑くなっているでしょう？　それはエネルギーを受け取っているからです。バシャールとの交信と同じです。情報はエネルギーなのです。暑くなることは、私たちとのコンタクトがうまくできている証拠になります」

「なるほど。それでは、この交信が本当である証拠をもらえますか？」

「たとえば、今後、物質世界で透明な逆さの三角錐を見るというのはどうですか？」

「はい」

◎地球上のETの基地

▼2017年5月31日

地球コア・フォーカス27で、地球コアにいる知的存在と交信。

「地球の地下にはETの基地が、あちらこちらにある。たとえばシャスタ山、アダムス山、それから日本の八ヶ岳、富士山、阿蘇山、桜島……。

いずれも山の内部にある。そこにはいろいろな宇宙船がやってくる。中継基地だ。宇宙船の調整。情報交換。それから、地球人類の意識の調整。核施設についても、たとえば北朝鮮（朝鮮民主主義人民共和国）の核についても、何かあったらすぐに対応できるように待機している。

八ヶ岳には、この前、自衛隊機が墜落したが、あのあたりにポータル（出入り口）がある。他の目撃情報を調べてみるとわかるだろう。基地内をお見せしよう」

宇宙船が見える。

「これはプレアデスの小型宇宙船。直径10メートルほどで、5人乗りだ」

典型的な円盤。ビリー・マイヤーの写真にあるような形をしている。

「他には球体もある。青空を背景に白い円が写ることがあるが、それがあれだ。ライトシップ（光の船）」

▼2018年7月9日

地球コア・フォーカス27で。地球コアにいる知的存在と交信。

「アダムス山やシャスタ山の山中にはUFOの基地があるのですか？」

「はい、これらの山脈地帯の山々はポータルになっていて、内部に基地があります。それ以外にも、たとえば八ヶ岳にもあります」

基地内部の映像が見える。大きな空間にいる。宇宙船らしきものが何機も見える。

「ここにはプレアデスやシリウス、オリオン（バシャールのような）、こと座、アルデバランなど多くのETの宇宙船がやってきます。異星人だけでなく、人類でもここで働いている人がいます」

「どういう人たちですか？」

「科学者などで、こういうことに理解のある選ばれた人たちです。あなたも希望するなら、参加できます。招待されています。夢のなかやヘミシンクを聴いている際に、ここに来ることができるでしょう。

こういうところはポータルになっていて、入りやすいということがひとつの理由です。それと地球のエネルギー調整がしやすいためです」

第6章

多くの過去世と自分の集団

◎過去世の集団

フォーカス34／35には、自分がこれまでに体験してきたすべての生命体験（過去世）の集団がある。モンローはこれを「I/There（アイゼア）」と呼んだ。

われわれは過去のある段階で地球にやってきて、その後何度も生命体験を行い。現在に至っている。

地球に来たのは遠い過去の人もいれば、ごく最近の人もいる。

地球に来る前にも、数々の生命系でさまざまな生命体験をしている。それらの地球外での体験もI/Thereには含まれる。

筆者は2001年以来、数多くの機会でヘミシンクを聴き、自分の過去世について多くの情報を得てきた。そのなかでもモンロー研究所の「スターラインズ」「スターラインズⅡ」「スターラインズ・リユニオン」というプログラムで得た情報は多い（これらのプログラムについては後で説明する）。

本章では、そこでわかった筆者の「歴史」について、書いていくことにしたい。

◎筆者の数多くの過去世について

筆者は銀河系の「オリオンの腕」と呼ばれる部分で、何か大きなものから分離し、ひとつの自己意識として存在しはじめた。その後、オリオン座のリゲル（の惑星）やはくちょう座デネブ（の惑星）など多くの星系で、人間を含むさまざまな生命体験をした。その間、「オリオン大戦」と呼ばれる長期にわたる戦いでは、軍人や王族などを多数経験している（オリオン大戦については、後でお話しする）。

その後、戦いから隠れるためにプレアデス星団にエネルギーの泡という形態でしばらくいた。モンローはそのときの仲間である。モンローが地球へ探索ツアーで行き、そのまま地球に入って素晴らしい体験をしているという噂を聞きつけ、追いかけて地球にやってきたのだ。

地球にやってきたというこの段階で筆者は、これまでのすべての体験を一度思いだし、宇宙船のなかでガイドと一緒に地球を眺めながら、地球で何を体験するかしばらく考え、可能な限り多くの体験をすることにした。

地球にやってきたのはごく最近のことなのだが、そこから時間を超えて60億年前の、太陽系が生まれる前の原始太陽系に行き、宇宙空間に浮かぶ岩石から体験している。岩の持つエネルギー、岩どうしがぶつかり合って砕けるエネルギーを体験したのだ。

太陽系が形成された後は地球生命系に入り、雪になり、雪の静かで暖かい感覚を体験。さらに、青空に浮かぶ白い雲や、回転する愛情豊かな結晶を体験。岩の斜面にある無数の小さな石のひとつになり、個々の石の意識と全体の集合体としての意識を感じた。

さらには黄色い梨《なし》のような形の空中に浮かぶ生き物、全身に葉のようなものが生えた白い魚のような生き物、フグのように膨らんだ魚状の生き物、昆虫か鳥のように空中を飛ぶ生き物、次いで、ウシを体験している。

一度別の惑星に移ると、地球のような青く白い雲にところどころ覆われた惑星の青い海で、イルカのような生き物を体験。その生物は透明で骨のようなものが透けて見える。

この惑星で何回も生命を体験した後、地球に戻る。そして、ペットやキジのような鳥を体験した。ペットというのは、今の文明の前の、滅んでしまった古代文明のときのことだ。

それから、人間になった。最初は、頭に変な形の帽子をかぶり、上半身裸で、弓矢を持った褐色《かっしょく》の肌の男。その後、何度も(数百回)人間を体験して今に至る。その間、一度アークトゥルスにある霊性を高める学校に行き、精神世界について学んでいる。

これらのことを順番にというより、一挙にすべてを体験したという感覚もある。地球に来た後、宇宙船のなかでしばらく考えると、自分がいくつにも分裂し、時空を超えて同時に並列に体験しているという感覚である。

◎膨大な筆者の過去の記憶

筆者の過去の人間体験については、その断片を含めれば、これまでにおそらく100回分ほどは思いだしている。箇条書きで、いくつかを紹介しておこう。

- 古代ムーの神官（人々が周波数を落として物質界へ適応できるように導いた）
- 古代ムーのエンジニア（音を使った技術の指導者）
- 古代アトランティスのエンジニア（水晶で宇宙エネルギーを扱う）
- 古代アトランティス最後の時代の神官（念力で津波を抑えようとしたが失敗）
- 超古代エジプトの王・神官（シリウス人の通訳）
- 古代エジプトの神官（政争に巻きこまれて残虐《ざんぎゃく》な方法で処刑される）

・古代エジプトのラムセス２世時代の神官（ラムセス２世の死後、ラムセス２世と仲間の神官たちをアブシンベル神殿奥の４体の像に封印）
・古代エジプトの秘儀探究者（モンローの下で、失われた古代の覚醒方法を探求）
・古代ギリシアの修行者（モンローの下、海岸沿いの洞窟内で瞑想し、宇宙の真理、覚醒を探求）
・古代インドの行者（釈迦《しゃか》の説法を聴き、感動して弟子になる）
・古代日本（紀元前６世紀）の三輪山あたりの縄文人の族長・神官（三輪山の頂上でシリウス系の龍と交流）
・古代インドの行者（自分の自我を通して大きな存在が体験を楽しんでいることを知り、ありのままの自分でいいのだと悟りを開く）
・古代ギリシアの巫女でチャネラー（どのようにでも解釈できる神託を下して、保身に努めていた）
・紀元前１００年ごろの、古代マヤの神官（翼のある蛇神ククルカンのチャネラー）
・古代ローマの将軍（敗戦の責任を取らされ処刑される）
・４世紀ごろのアドリア海東岸にあった小国の美人の王妃（落城し、逃げ落ちる際に遭遇したランゴバルト族の族長に気に入られ結婚し、男子をもうける）
・大和朝廷の軍人（千葉県の香取《かとり》あたりに派遣され、従わない縄文人の族長を集めて惨殺し、香取

神宮の奥宮に封印）
・古代中国の浄土宗系の僧（自分ほどの悪人はいないと悟り、阿弥陀仏《あみだぶつ》に救い取られる）
・平安時代ごろの修験者（体外離脱で雲のなかを自在に飛びまわる。直径30センチくらいの白く輝く命の玉を扱い、病人を癒す）
・イギリスのどこかの領主（キリスト教を信じていなかったが、十字軍に従軍せざるを得なくなる。フランス南部で仮病を使い、そこに留まり、その後病死）
・一之谷の合戦で源氏方に捕らえられた平家の公達《きんだち》（おそらく平重衡《たいらのしげひら》）
・13世紀ごろの東南アジアのボルボドールのようなところのさびしい王（貢物《みつぎもの》をもってくる若く美しい女性に恋するが、身分の違いで諦め、愛を感じない女性と結婚）
・15世紀の北条早雲《そううん》の配下の武将
・戦国時代に山口県の瀬戸内海側を支配した武将で、宮島におびきだされ敗北し自害（おそらく陶《すえ》晴賢《はるかた》）
・16世紀末にイギリス南西部の果樹園で働く青年（領主の娘と恋仲になるが別れさせられる）
・ネイティヴ・アメリカンの青年（敵対する部族を攻めるが敗北し、逃げる途中で殺される）
・バリ島北部に住む青年（敵対する部族の族長親族の少女といいなずけになるが、反対するグルー

プに殺される）
・ネイティヴ・アメリカンの部族長（すべてを大自然に任せれば何も心配はいらないのに、最近の若者は銃や馬を欲しがると愚痴《ぐち》をいう）
・タイの川のそばに住む女性（小舟に乗って市場の買い物や子育てに忙しいが、幸せだった）
・江戸時代の豪商の息子（父はモンロー、蘭学を学ぶ）
・18世紀末のユリア・スナイデルというオランダ人女性（裕福な家庭に育つが、父の船が沈没した後、一家は離散。綱渡りをして生計を立てた後、良い人に出会い結婚）
・アメリカ西部開拓時代のカウボーイ（裕福な牧場主であったモンローの息子で、後に保安官になる。コルト45という銃を愛していた）
・ナチスドイツの青年将校（軍の中枢にいたが、愛していた女性にユダヤ人に関する情報を取られていたことを知り、部下に女性を殺させた後、クルスクの戦いに志願して戦死）

◎シフトナウ

並べてみると、激動の過去世ばかりだと思われるかもしれない。だが実際には、平凡で幸せだった人生はほとんど思いだせていない、というだけだ。あるいはそういう人生は、思いだす必要がないのかもしれない。

さて、ここに列挙したなかで、特に4つの過去世について、筆者が情報を得たときの体験を紹介しておくことにしたい。

ひとつは、超古代エジプトの王・神官（シリウス人の通訳）だったときの過去世。これは「スターラインズⅡ」で情報を得た。ポータル・ルームというフォーカス42のセッションで、「シフトナウ」と言葉にすると、瞬時に時空を超え、ピンポイントで特定の時代や場所に行くことができる。

▼2017年11月11日（土）

「古代のエジプトかメソポタミアの、ETと地球人が物質界で交流していた時代へ行きたい」とお願いし、「シフトナウ」という。

はじめは何も見えないが、やがて説明が始まった。

「アトランティスが滅亡した後、エジプトにピラミッドを造っていた時代だ。あなたはアトランティス人の子孫でエジプトに住んでいる。ETとテレパシーで交信している。ETはシリウス人。彼らから指示を受けている。あなたは王であり、神官であるが、シリウス人からのメッセージの通訳でもある」

私自身は黄金（色？）のマスクをしているような感じ。ツタンカーメンと同じような髪を覆う青と金色の被り物をかぶっているような印象。上半身は裸か。

皆からは王・神官として崇められている。ただ、自分としてはただシリウス人のいうことを伝えているだけだ。その役割に徹している。

一般の人にはETの姿は見えない。彼らは第4密度の存在なのだ。

ETは巨人。2・5から3メートルはある。半透明。

ETのいる巨大な部屋へ行く。2体のETが玉座に座っている。玉座を含めると全体の高さは4メートルはあるか。そのうちのひとりの前にひざまずく。

どうも彼らは第4密度なので、ロボットの体を使っているようだ。ロボットが玉座に座っている。そのなかに入ると彼らは、ある程度ロボットの体を動かすことができる。それは人型。ただし、ETそのものは人型ではない。シュメールに文明を授けたオアンネスと同じ、半魚半人か？

次は紀元前100年ごろ、筆者が古代マヤの神官で、翼のある蛇神ククルカンのチャネラーだったときの過去世である。

・2017年11月12日

セッションに入る前は、昨日のエジプトの時代についてもっと詳しく知りたかったので、そこに戻る予定だった。ところがセッションが始まると、ククルカンの時代がいいのではないか、といわれた。

ポータル・ルームへ。

古代マヤのET（ククルカン）と交流のあった時代に戻りたいという。シフトナウ。

「AD100年ごろ、メキシコだけでなくグアテマラなど中米からボリビアあたりまで皆ひとつの民族で、同じ異星人と交流があった。シリウス。龍型だ。あなたが三輪山で交流していたETと同じ種族だ。シリウスの惑星に拠点を持っていて、そこから地球などいくつかの星へやってきていた。第4密度の生命体だ。

あなたは古代エジプトのときと同じように王であり神官だった。そういう役回りをよくやっていた。それではそのときの自分に入ってみなさい」

何か頭に大きな飾り物をつけている。どうもネイティヴ・アメリカンがつけていた足下まである長い羽根飾りと同じようなものか。この異星人を模したのか。彼らは普段は表に出ない。自分はテレパシーでつながって情報をもらった。

いつもは宇宙空間の宇宙船内にいるようだ。必要とあらば物質次元に来て、王宮内の大きな部屋にいた。そこで物質化して龍の姿で現れた。大きい。10メートルはある。羽もついている。

ただ、この姿で物質次元にいるのは何かと不便なようだ。

私は人々の前に、羽飾りなどをつけて現れる。それはこの生命体を模した姿で、民衆はこの生命体のことを知っているようだ。


3つ目はネイティヴ・アメリカンの部族長だったときの過去世である。

▼2014年9月15日（月）

以前何回かつながったことのある、ネイティヴ・アメリカンの部族長だった過去世を、ポータル・ルームで体験してみることにする。

「今、この段階から始めてもかまいませんよ」

ということでポータル・ルームまで行かず、通常意識で始めることにする。

枯草の草原が見え、バッファローが何頭も走っていくのが見える。部族長が話しはじめた。

「今の若者は馬に乗り、バッファローの群れを追い、崖から落とすようなやり方で殺す。そのために必要以上に多くのバッファローを殺すのだ。これではそのうちにみんな死んでしまうだろう。それに最近では銃を買う者まで出てきた。嘆《なげ》かわしいことだ。

われわれはそういうものは使わない。必要なだけの数を捕っていればいいのだ。頭を使いバッファローの習性を使って猟をすればいいのだ。そういう伝統的な生き方をしていけばいい。

われわれもバッファローもトウモロコシも木々も、同じ大地なのだ。大地が姿を変えて生まれただけだ。大地が人として生まれ、育ち、子供をもうける。そして衰え、死んで、また大地に戻る。すべては循環する。何も怖がることも心配することもない。われわれは大地の一部。大地そのものなのだ。太陽も星も空も風も大きな自然の一部だ。そういう考え方は、自分が育っていく段階で親から教わりもしたし、実感としても持った。当たり前のこととして自然に身についたものだ。それには微塵《みじん》の疑いもない。

われわれはバッファローを狩って生きている部族だ。トウモロコシなどを作る部族と交流して必要なものを手に入れている。

われわれはだれもが大地の一部として大地に任せて生きている。自然の規則を守って生きている限り、何の心配もいらない。われわれが自然の規則から外れたことを行うと、自然は干ばつなどで知らせてくる。そのときは、行いを正せば、ちゃんと自然も応えてくれるのだ。

だから、先祖から受け継いだ規則を守って生きていけばいい。バッファローを必要以上に捕らないこと。彼らに常に感謝すること。そのための祭りを行うこと。先祖を祭ること。季節の節目に大地やバッファロー、太陽、豊穣、雨、風、月の精霊に祈りを捧げること。感謝すること。五体投地すること。

それを今の若者たちのようにしていると、自然のバランスは崩れてくる。嘆かわしいことだ。ただそれは自分たちで招いたことなのだが」

「あなたは今、どうしているのですか？」

「あなたのいうところのI/Thereに戻っている。あなたがやっていることはよくわかっている。ネイティヴ・アメリカンがその後どうなったかもわかっている」

「ありがとうございました」

4つ目は4世紀ごろのアドリア海東岸にあった、小国の美人の王妃の過去世だ。

▼2021年11月2日

夜9時40分ごろから風呂に入る。風呂のなかで、城が落ちたときに、女性たちや下級武士はどうやって逃げ落ちたのだろうかと考えていた。

ちょっとぼーっとしたのか、白昼夢のような感じになる。

白人女性の姿が見える。30歳くらいか。映画『トロイ』に出てきた王妃のような顔。

落城の少し前。奥にある穴を通れば脱出できるが、出た先は夜なので暗闇のなかをわずかな人数で逃げなければならない。ここに留まって自決するか、判断を迫られている。

ここではっとわれに返る。その先を思う。ここはギリシアかその周辺（ギリシア語圏）らしい。城から脱出した。

一緒に行くのは屈強な男とその他数名。次第に数が減り、その男と逃げる。男は金や財宝を持っているが、自分は持っていない。男に従うしかない。

男は市場で食べ物を買う。一緒に食べる。男は初めは従順な部下だったが、次第に命令的になり、従わなければならない。

その後、盗賊団と遭遇。男は殺された。自分はそのボスに気に入られて奥さんになる。

盗賊団ではあるが、意外に従順で優しい人たちだ。ゲルマン人のようだ。

どうやら盗賊団ではなく、ちゃんとした部族国家を成しているらしい。

ボス（族長）の子供をもうける。

男の子。これで安心。この部族のなかで自分の基盤が作れた。

自分はここで、族長の妻として次第に力を持つようになる。彼らをして、自分が元いた国を滅ぼした国を攻めさせようと思う。恨みを晴らそうと思う。

後になってみると、このゲルマン人はランゴバルド族（6世紀後半、イタリア半島の大部分を支配）だったように思う。族長の顔は丸顔でひげ面、髪の毛はクリクリの巻き毛。サンタクロースみたいな顔だ。

また、元々の城は海のそばで、海を見下ろす崖の上にあった。時代的にはゲルマン人がこの地域に来ていたので、4世紀ごろか。場所としては、アドリア海沿いのギリシアの北の地域か？　今のスロベニア、クロアチア、ボスニアヘルツェゴビナあたり。

◎I/There（アイゼア）について

こういった何百何千という過去世の自分たちと現世の自分の総体を、モンローは「I/There（アイゼア、向こうの自分）」と呼んだ。略して「I T」と呼ぶこともある。

I/Thereには、フォーカス34／35へ行くとアクセスすることができる。

モンローによれば、「各人格はそれぞれ、個人としての認識力、精神、記憶を持つ、意識・感覚をそなえた存在」であるという。

I/Thereは、自分という存在が誕生してからこれまでに体験したすべての自分の集団なので、地球での体験に限られない。他の星や生命系での体験も含む。従って、そこに含まれる生命体の数は数千から数万に達する。

フォーカス34／35でI/Thereへアクセスすると、その全容を視覚的にとらえることができる。筆者の場合、それはスタジアムという形をとることが多い。観客席の部分に多数の生命体がいて、その数は数万を下らないように見える。

スタジアムは半分の形（劇場のような形）に見えることもある。その場合、ステージでは何かが進行中で、皆がそれに注目している。

I/Thereがどう見えるかは人によりさまざまで、ディスク、ドーム状の部屋、クラゲ（何本も足があり、それぞれの足がI/Thereのメンバーになっている）、宇宙船、写真のフィルム（いくつも顔が映っている）、洋服ダンス（それぞれの引き出しが各過去世）などがある。

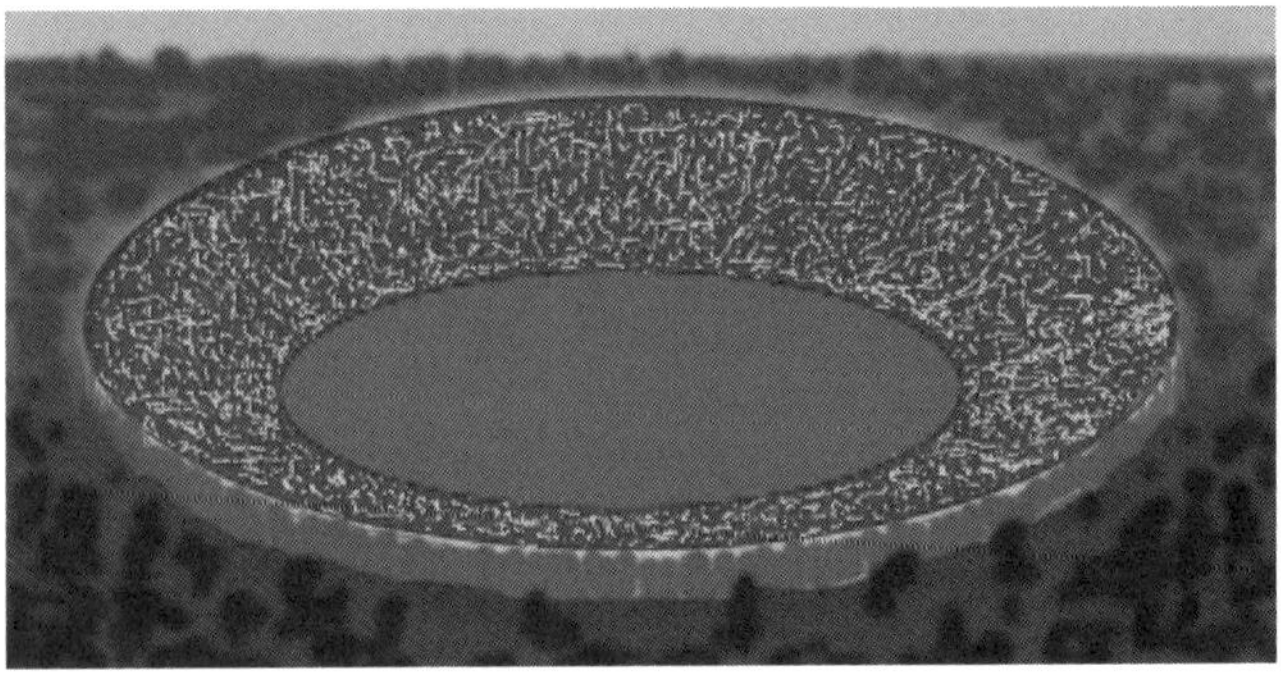

↑スタジアム状になっている、筆者のI/There。

◎エクスコム（EXCOM）

モンローは彼のI/Thereを代表する者たちが10名ほどいるとして、彼らを「EXCOM＝エクスコム（エグゼクティブ・コミッティー）」と呼んだ。

筆者が自分のエクスコムにアクセスし、何かを質問すると、その質問に答えるのに最適な人格が現れて答えてくれる。この本を書く際には、物書き（作家）だった過去世の自分が手伝ってくれているようだ。過去世の自分には多種多様な能力や知識、経験を持った者がいるので、手助けを頼むと喜んで引き受けてくれることがある。

モンローはI/Thereにおいては、「各人格はそれぞれ、個人としての認識力、精神、記憶を持つ、意識・感覚を備えた存在」としている。つまり、ひとりひとりが別々の個人としてリアルタイムで話し、相手になり得るものだというのだ。

実際、モンローの本では、各人格が話し相手として現れる。ただ、常時そうなのか、必要なときだけそうなるのかについて、モンローは言及していない。筆者はそれについても、次のような情報を得ている。

▼2023年10月25日（水）

早朝4時ごろか。目が覚めて、いろいろ考えていて、今書いている本について、ガイドにアドバイスをもらおうと思う。

すると待ってましたといわんばかりに反応がある。

「あなたはトート神のフォーカス42バージョンの人ですよね。前に歴史の本を書くときにつながった」

「いや、違います」

だれだろうか。

何か大勢がワイワイやっている感じだ。

「私は過去世で物書きをしていた者です。ただ、I/Thereのメンバーというのは、モンローがいっていたような各個人が別々に存在するというのとは少し違います。

意識はテレパシーでつながっていて、融合しているといってもいいのです。必要に応じて、過去世のだれそれの人格になって、あなたに対応することはあります。そういう各個人として人格を持って現れることもあります。

それは、あなたがそのほうがわかりやすい場合です。そうでない場合は、もっとつながりが強く、個人というのは薄れています。

モンローが本に書いているように、記憶は整然と整理されて保管され、いつでもアクセスできるようになっています」

後ろで皆がワイワイガヤガヤ、喜んでいる感じは続いている。

今後、私はこの情報源にいつでもアクセスできるようだ。

「今までも本を書くときには、手伝っていましたよ。一緒に書いているという感じです」


実は筆者も、この件についての疑問は以前から持っていた。

I/Thereで過去世の人格は融合しているのか、それとも分離しているのか。

答えは、「各人格は融合しているが、分離もできる」だったのだ。まるで量子状態における電子のようなものだ（電子は波と存在している場合と、粒子の電子として現れる場合とある）。

◎地球に来る前の過去世

筆者のI/Thereのメンバーには、地球に来る前の体験者も多数いる。それらについては次の章でも紹介するが、フォーカス34／35で直接アクセスすることができる。その例を紹介したい。

▼2023年10月3日

フォーカス34／35に着いた。I/Thereメンバーと会うことにする。

情報が流れこんできた。緑色の生き物。昆虫か甲殻類。カマキリかサソリのような姿か。細い棒状のものが何本も見える。

地上で生きる。植物食。肉食生物はいない環境を作りだしている。意識が互いにつながっている。他の生物ともつながり、共存。光合成のような形でエネルギーを取りこむ。惑星ともつながる。人類には理解できないかもしれない。テレパシーでつながる。寿命はある。再生する。男女はある。この存在は男。

愛情、喜び豊か。第4密度。人類のような物質文明ではない。精神性が高い。

次いで、別のI/Thereメンバーと会うことにする。

情報が流れこんできた。ある惑星の生物。トカゲ型。テレパシーが発達している。物質文明だが道具を使う程度、ローテク。それで十分。精神性が高い。狩りはする。卵生。子育てを楽しむ。捕食はする。食べるときに感謝する。自然豊かなところに住んでいる。自然との共生。食べ物に困らない。奪い合いはない。惑星、自然との一体感。流れのなかに生きる楽しさ（人類にはわからない）。

次いで、別のＩＴメンバーと会うことにする。

情報が流れこんできた。女の子。アジア人のような顔つき。「1912」「519」という数字。車が渋滞している映像。地球そっくり。競争社会。物質文明。この子は中流の家庭。

◎同時代を生きるＩＴメンバー

モンローは彼のI/Thereのメンバーのなかに、同時代を生きるロシア人の女性がいるといっていた。彼女はロシアで、ヘミシンクと類似の技術を開発しているという。

筆者の場合もI/Thereメンバーのなかに、今を生きている人が少なくともひとりはいるようだ。

▼2020年3月7日

朝、夢のような感じで受け取った情報。

サンフランシスコ近隣に住む白人のティーンエージャーの女の子。金髪で美しい人。子供のころから父親の虐待を受けていたが、親が離婚し、母親の手で育てられる。貧困で、高校のときに家出して、ひとりで暮らすようになる。母親が大変そうなので、ひとりで暮らすことにした。成績はよかったが、高校は中退。その後、路上生活を始め、バイトで食いつなぐ。毎日同じ服を着ている。生活は大変だが心は純粋で汚れることはなかった。

あるとき青空に金色に輝く太陽を見て、その崇高なエネルギーで悟る。太陽は神のような存在だと。そして自分のなかにも同じ輝くエネルギーがある、と。

また、太陽の生命エネルギーを受け取ることで、そんなに食べなくてもよくなる。

その後、少し年上の女性と同棲するようになり、生活はよくなる。また、美貌《びぼう》を認められてファッション関係の仕事にもちょくちょく出るようになる。

この女性は、自分のI/Thereの一員なのか。今日は誕生日なので、こういう情報が来たのだろうか。

◎輪廻ではない

自分の過去世をA、B、C、D、Eとすると、世間一般で考えられている輪廻《りんね》は、Aが生まれ変わってBになり、さらにCに、Dに、Eになり、そして今の自分になったというようなものだろう。

ところがこの考え方だと、今の自分が過去世の、たとえばCを救出するということはあり得ない。Cがフォーカス23に囚われていたのなら、その後のD、Eと今の自分は存在できないからだ。

したがってこの考え方は、間違っているといえる。

では、どういう考え方が正しいのだろうか。ここで参考になるのはモンローの『究極の旅』に出てくる、モンローと彼のエクスコムの対話である。

「『私たちは、もう一度人間になる決心をしたのさ。時と場所を選び、DNAを合成した——肉体的な要素と、私たちの要素を混ぜあわせてね。私たちの中から最適と思われる部分を選んで一つにまとめ、送りこんだんだ。それが、君——私たちができたというわけさ！』

その送りこんだものっていうのは、いったい何なんだい。

『人格、そして記憶さ。それしかないだろう』

ここから次のふたつのモデルが可能性として出てくる。

1：A↓B↓Cと輪廻して、CがF23などに囚われると、新たにDが生みだされる。Dはさらに D↓E↓Fと輪廻する。

2：A、B、Cそれぞれは別々に生みだされる。それらの様子を見て、さらにDが生みだされる。A、B、C、Dは輪廻せず、いずれI/Thereに帰還する。

これに対してバシャールは、すべての人生（この例でいえば、AからEまで）は同時に存在しているとする（『バシャール×坂本政道』では190ページあたりに出てくる）。

同書で筆者は、ある人生（Bとする）での体験が次の人生（C）でのトラウマの原因になることがあるが、それはどう説明するのかとバシャールに聞いた。すると、BとCにエネルギー的なつながりを作っておくという。たとえば、Bは悲劇を体験する人生、Cは悲劇を克服する人生。この両者を同時に体験するのだ、と。

こうなると、I/Thereがどういうものか理解するのは、現時点のわれわれでは難しいのかもしれない。

◎I/Thereクラスター

さらに上のフォーカス42というレベルへ行くと、自分のI/Thereが他の自分と関連のある多くの人たちのそれぞれのI/Thereとつながって、網の目パターン（モンローによると蜂の巣パターン）を作っている。その全体をモンローは「I/Thereクラスター」と呼んだ。略して「ITクラスター」と呼ぶこともある。

ITクラスターには、おそらく数万から数十万ほどのI/Thereが連なっているのではないだろうか。モンローは、モンロー研究所のへミシンクに興味を持つ人は、モンローの属するITクラスターのメンバーだろうといっている。

この網の目パターンだが、球状の籠《かご》のような部分がある。「フラーレン」と呼ばれるような構造で、サッカーボールをイメージしていただければと思う。ただ。これが全体の中心にあるのか、それともこれで全体なのか、そこまではまだ理解できていない。

ITクラスターがI/There同様、スタジアムの形に見えたこともあるが、それについてはまた後でお話ししたい。

ともあれ、フォーカス42に行き、ITクラスターにアクセスすると、そのメンバーに会ったり、メンバーの意識に入り、その人あるいは生命体がしていることを自分がしているかのように体験できる。網の目パターンを作る多数の線のなかの1本をたどっていくと、その先にメンバーがいるという感じだ。

ITクラスターのメンバーは地球に限らず、太陽系外の他の星で生きている場合もある。多くはわれわれの住む銀河系（天の川銀河）のなかにいるが、銀河系を超えた先にある別の銀河にいる場合もある。

また、ITクラスター全体を代表するような存在たちに会うこともできる。

ITクラスターに属する生命体たちは、全体がひとつの大きな意識体を形成していると見なすこともできるし、実際にそういう体験をしたこともある。

フォーカス42には、宇宙ステーション・アルファ・スクエアード（略称SSAS）と呼ばれる巨大宇宙ステーションがある。スターラインズなどでフォーカス42に着くとまずここへ行く。ここにはさまざまな機能があるが、そのひとつがメモリー・ルームである。ここを使えば、I/Thereクラスター全体の持つ記憶にアクセスできる。自分のこれまでの歴史について教えてもらうこともできる。

▼2010年11月15日

フォーカス42に着いた。宇宙ステーション・アルファ・スクエアードへ、さらにメモリー・ルームへ行く。

リクライニングシートに座る。目の前に黒いスクリーンがある感じがする。

今回は、自分をI/Thereクラスターとして体感したいとお願いする。そばにいるヘルパーがいう。

「今の意識状態では少し無理があります。もっと深くリラックスし、ちょっと眠るような感じになるほうがいいでしょう」

徐々にリラックスしていく。

「体が大きく広がっていき、自分がI/Thereクラスター全体としてひとつの生命体になったと感じでください。この前、そういう感覚を持ったことがありましたね」

だんだんと広がっていくという感じがある。銀河系全体にひとつのタコがへばりついていて、触手があちこちに伸びている、そういう感じだ。触手の何本かはアンドロメダや他の銀河にも伸びている。この大きな生命体が自分だ。

ふと気がつくと、すぐ上の姉が白いテーブルについて食事をしている。他にも5〜6人が同じテーブルにいる。ここは戸外のようなオープンな感じのいい場所だ。湖を見はらすようなところにある雰囲気だ。

「あなたのお姉さんも、同じI/Thereクラスターのメンバーなんですよ」

そう、私の知り合いのかなりの人はそのようだ。だから、一瞬、その意識を体験したのか。

意識を元へ戻す。

また一瞬、意識が個人の意識に入ったのか、だれかと何かの議論をしていた。内容は思いだせないが。意識を元へ戻す。全体へ。

「全体の意識を個々の意識として体験することもできますが、それぞれに意識を向けずにいることもできます」

何か、丸い部屋のようなところにいる。丸いテーブルを囲んで周りにずらっと存在たちがいるような感じもする。

「ここには集合意識を代表するような、個別の存在として現れることもできます」

女性の声……ディアナ（古代ローマの女神）だ。彼女の感覚がある。

「他にもトート神や大天使ミカエルなどとして現れることも可能です」

ここにしばらくいる。

「ここでは波として、全体の意識を共有することもできます。ちょうとバシャールたちの集合意識を感じたときと同じです。前にここでどっぷりと浸って、波を感じたことがあったでしょう」

思いだした。以前の「スターラインズ」でそうしたことがある。

ここでは波が全体のなかを流れ、それで意識を共有しているときもある。個別のディアナとして具現化することもある。大きなプールの水のなかにいるような感じだ。

◎I/Thereスーパークラスター

フォーカス49というレベルへ行くと、さらに大きな集団がある。自分の属するI Tクラスターが他の多くの関連するI Tクラスターとつながって、網の目パターンを作り、無限の海のように広がっている。その全体をモンロー自身は「互いにつながったI Tクラスターズの無限の海」と呼んだ。いいにくいので、モンロー研究所の参加者は「I Tスーパークラスター」と呼ぶ。

フォーカス49へ行き、I Tスーパークラスターにアクセスすると、そのメンバーに会ったり、メンバーの意識に入り、その人あるいは生命体がしていることを自分がしているかのように体験できる。

あるいは、1Tスーパークラスターを代表するような存在たちと会うこともできる。彼らは「クラスター・カウンシル（クラスター評議会）」と呼ばれる、さまざまな地域で神として祀られるような存在である場合が多い。たとえば、古代エジプトのトート神、大天使ミカエル、古代ローマの女神ディアナ、ヴィーナスなど、テーマや概念を象徴する存在である。真理、愛、美、創造性、豊穣、純粋性、浄化、男性性、女性性などがそうだ。

ちなみに、フォーカス42には1Tクラスター全体を代表するような存在たちがいるが、クラスター・カウンシルのフォーカス42バージョンであることが多い。フォーカス49のクラスター・カウンシルはエネルギー存在という印象で、あまり生命体っぽくないが、フォーカス42バージョンは、より身近な生命体という感じが強い。

1Tスーパークラスターのメンバーは、銀河系を超えた他の銀河に住む場合が多い。銀河系の属するおとめ座超銀河団と呼ばれるなかにいるようである。

◎「スターラインズ」

フォーカス34／35までは、「エクスプロレーション27」を受講すれば体験することが可能だ。その上のフォーカス42や49を体験するプログラムが「スターラインズ」「スターラインズⅡ」「スターラインズ・リユニオン」である。

「スターラインズ」では、まずフォーカス34／35で太陽系内を探索する。さらにフォーカス42で太陽系を出て太陽系近傍の星々を訪れ、そこにいる生命体たちに会う。

彼らはI/Thereクラスターのメンバーである可能性が高い。また、メモリー・ルームで自分の歴史を教えてもらう。

次に、フォーカス49で銀河系の中心部や銀河系外の銀河を訪れて、そこにいる生命体たちに会う。彼らはI/Thereスーパークラスターのメンバーである可能性が高い。また、クラスター・カウンシルにも会う。

さらに、銀河系コアにあるスターゲイトを超えて、さらに高いフォーカス・レベルを探索する。なお、本書では紙数の関係上、スターゲイトを超えた先の体験については紹介できないのでご了承していただきたい。

銀河系コアと地球コアを結ぶエネルギーの綱を強化し、銀河系コアから地球へ高次のエネルギーをもたらす。それにより人類の進化を促す。

「スターラインズ」の目的のひとつは、自分をより大きな存在として認識することである。通常の自分はこの肉体に囚われた自分だが、高いフォーカス・レベルへ行くことで、I/Thereとしての自分、I/Thereクラスターとしての自分、I/Thereスーパークラスターとしての自分を認識する。さらには創造の源としての自分を認識する。スターラインズは覚醒のためのプログラムだということができる。

筆者はこれまでにモンロー研究所で、「スターラインズ」に5回参加した。また、トレーナーとして主に日本で17回開催してきている。

◎「スターラインズII」

「スターラインズ」と同じフォーカス・レベルをアセンションという観点から体験する。自分をより大きな存在として知覚する。

ポータル・ルームというフォーカス42にある施設を使い、時空を超えてピンポイントで望みの時間と場へ行く機会がある。スターゲイトを超える機会が何度もある。

筆者はこれまでにモンロー研究所で、「スターラインズII」に1回参加した。また、トレーナーとして主に日本で15回開催してきている。

◎「スターラインズ・リユニオン」

地球外生命体＝ETたちとの、より物質次元に近い次元でのコンタクトを目指す。「スターラインズ」と同じフォーカス・レベルを体験する。屋内外でET／UFOを呼ぶワークを行う。そのためにフォーカス42でさまざまな天体を訪れて招待状を配り、このセミナー中の特定の日、時刻にセミナー会場の上空または会場内へ来るようにお願いする。

筆者はこれまでに「スターラインズ・リユニオン」を、トレーナーとして日本で7回開催してきている。

では次は章を変えて、「スターラインズ」から「スターラインズ・リユニオン」で他の星を訪れ、I/ThereやI/Thereクラスター、I/Thereスーパークラスターのメンバーに会った体験についてお話ししていくことにしたい。

第7章

太陽系外のさまざまな星系の探索

◎星を訪れる

フォーカス42では、I/Thereクラスターのメンバーに会ったり、その意識のなかに入ってメンバーがしていることを自分がしていることのように体験したりできる。I/Thereクラスターのメンバーは地球上にも多数いるが、太陽系や太陽系を離れた他の星系にも多数いる。

「スターラインズ」などでは、まず太陽系近傍の星を順に訪れて、その生命系を探索したり、そこにいるメンバーに会ったりする。

◎ケンタウルス座アルファ

地球から4・3光年と、もっとも近くにある恒星系。太陽によく似たふたつの星AとBと、さらに暗くて小さなプロキシマから成る（プロキシマはA、Bから0・2光年も離れているので、実質はA、Bの二重星）。

「スターラインズ」で毎回探索する。2003年に初めて訪問したときには、金色と赤色のふたつの球体が互いの重心を中心に回り、まるで男女のペアがダンスでもしているかのように、快活に動きを楽しんでいる様子が見えた。生命力にみなぎり、ニコニコしながら踊っていて、星は生きているんだと実感した。

2回目以降の訪問で、そこに住む生命体についての情報を得た。これまでに30回程度訪れているが、情報をまとめるとこうなる。

・二重星だが、その周りを回る惑星軌道は安定。
・ここには第2密度、第3密度、第4密度、第5密度の生命体がいる。それぞれは、それぞれに見合った惑星に住んでいる。
・第3惑星には第3密度の人間型の生命体が住む。人類の文明よりも科学技術が5000年から1万年ほど進んでいる。惑星の重力が地球よりも若干強いので、体が少しがっしりしている。建物は少し頑強に造られている。
・平和。自然と共存。天候のコントロールを行う。われわれにとっての理想の物質世界。
・ここでは農地と都市とが明確に区分されている。人々が快適な暮らしができるように整備されている。

・物質文明が進んでいるが、これまでに文明の発展には紆余曲折《うよきょくせつ》があり、文明が停滞したときもあった。ここの文明はあくまでも物質文明であり、非物質世界のことは知られていない。死への恐れがある。

・そのため、宇宙船技術は従来型の技術の延長線上でしかないので、他の星へ行くレベルにはなっていない（その星系から出ていない）。

・第3密度だが第4密度へ移行中。

・人類との直接的な交流や干渉はない。フォーカス27を通して交流がある。輪廻《りんね》の際にここと地球の間を行き来している人もいる。

・人類を創った生命体と同じグループによって創られた。今回のアセンションでは特に大きな影響は受けないと考えられている。

・第4密度の星は、ほぼ第4密度の最後の段階にいる。

・第5密度の生命体は非物質。ちょうど太陽系でも、第5密度の生命体が金星に住むように、その惑星の特性が第5密度を維持しやすい。

この星を訪れたときの体験をひとつ、紹介したい。

▼2012年10月14日（日）

ガイドが話しはじめた。

「ケンタウルス座アルファの第3惑星に行きます。I/Thereクラスターのメンバーが何人もいます」

眼下に球状の上半分が見えてきた。金属っぽく光っているような印象。

「ここのフォーカス34／35へ、さらにF27に降りていきます。彼らも輪廻します。ここには物質的な生命系があります。前にも来たことがあります。人類よりも技術的に進んでいますが、第3密度です。人類よりも囚われは少ないです」

地上の様子が見えてきた。緑の多いなかに、白い家がいくつか並んでいる。そのうちのひとつへ入ったようだ。

「ひとりの生命体を直接体験してみましょう。ちょっと意識を緩《ゆる》めてください」

気がつくとホワイトボードに黄色などカラフルな丸っぽいものをくっつけて、何かを説明している。ちょっと子供っぽい感覚がある。

われに返る。姿は見えない。外へ、左に向かって猛スピードで進んでいく。緑色のとうもろこしの草のようなものが密集して立っている。よく見ると生命体のようだ。人のように見える。

もっとはっきり見たいとお願いする。しばらくして、人の顔がはっきりしてきた。日本人のような顔の男性だ。ここで帰還指示が来た。

◎シリウス

地球から８・６光年の距離にある。太陽を除けば、全天で一番明るい恒星である。30回以上訪問して得た情報をまとめる。

・シリウスの惑星に住む生命体と、「シリウス系」と呼ばれる生命体とがいる。後者はシリウスがポータルになっているので、ここを経由してこのあたりの宇宙へ出てくる生命体である。したがって、後者はシリウスに定住しているわけではない。そこに一時的に基地を持つことはある。シリウス系の例としては、龍、ハトホル（古代エジプトで女神として崇められた）。

・第３惑星と第４惑星に文明。

・第３惑星は全面、水に覆われている。シュメール人に文明を授けた「オアンネス」と呼ばれる半魚半人の生命体や、イルカのような生命体がいる。
・オアンネスは両生類。宇宙旅行の技術は独自開発ではなく、他からもらった。水生生物なので、陸上に出るには特殊なスーツが必要で、こういった技術も他の星の文明からもらった。アフリカのマリ共和国のドゴン族には「ノンモ」という名前で知られる。
・第4惑星は森に覆われている。木々に意識が宿り、ネットワークを組んで意識がつながった生命がいる。人類とはまったく異なる文明形態。

シリウスでの体験も紹介しておこう。

▼2009年11月9日

シリウスにいる、自分のITクラスターメンバーにコンタクトしたいと思う。

「小さき者よ、何か?」

「あなたは私のクラスターメンバーですか?」

「私はあなたを知っています」

大勢がいるのがわかる。

「あなたたちは？」

「私たちはあなた方とは、もっと上のレベルで別れています（F49か？）。でもつながりはあります。近所にいますので、関連は深いのです。常にあなた方をウォッチしてきています」

「人類を創った存在ですか？」

「いいえ。でも、その者たちのことは知っています。私たちはあなた方の遠い親戚で、親しみを持って見ていますが、特に干渉することはしていません」

「ここで何をしているのですか？」

「私たちはここで生命の営みをしています」

「それは？」

「ここでいろいろな生命体として生きています。さまざまな生命表現があります。いろいろな惑星に住んでいます。非物質も物質もあります。あなたが以前会ったイカのような生物もいます。それ以外にもいろいろな形態があります。海中にいるものもいます」

「すごい種類ですね」

「そうです。さまざまな生命表現を楽しんでいるのです」

「何か私へのメッセージはありますか？」

「自分を愛し、他人を愛し、今を楽しむ。それがメッセージです」

「どうもありがとうございました」

◎アークトゥルス

アークトゥルスは、地球から37光年の距離にある赤色巨星。太陽を除くと全天で3番目に明るい。ここに30回以上訪問して得た情報をまとめる。

・第5密度の非物質の生命体がいる。われわれに会うときは星のそばにある宇宙船内か惑星上で、周波数を第4密度に落として会う。ローブを被《かぶ》ったような姿で現れる。
・ここから地球に生まれるという形はとらない。関係の深い人にメッセージを伝えたり、ガイダンスするという形で影響を与える。
・地球には、歴史的にアークトゥルスの生命体と深いつながりのあった人がいる。イエス・キリスト、エドガー・ケイシーなどだ。

・人類へのアークトゥルスの影響は全方面にあるが、特にヒーリング、医療関係が多い。科学者でここにつながっていた人はいない。彼らはほとんどがシリウスかプレアデス。

・人類を含むこのあたりのさまざまな生命体が学びに来る学校がある。彼らは肉体を持った生命体が多いので、知覚しやすいように物質的な世界が創りだされている（実際は非物質）。精神世界のことだけでなく、科学、技術、数学、建築、政治、経済などあらゆることを学ぶことができる。座学もあれば、フィールドワークもある。人間界に生まれた後に体験するであろう試練を体験する場が提供される。過酷な環境や自然のなかでの体験などがあらかじめ体験できる。ここで問題がある場合は、修正する。

・黄金色に輝く球体があり、そこから高次の生命エネルギーを頭頂から体内に取りこみ、足裏から大地へ流すイメージングをすることで、周波数を高める効果、ハートを開く効果、全身を癒《いや》す効果が得られる。そのエネルギーを他の人に流せば、ヒーリングができる。

・ヒーラーには、ここに自ら直接つながってヒーリングを行う人と、フォーカス27にいるガイドがアークトゥルスの球体につながり、そのガイドにつながることでヒーリングを行う人がいる。

アークトゥルスに行くと、最近は必ず現れる女性的な存在がいる。彼女は普段は姿かたちを持たない非物質のエネルギー存在だが、筆者に会う際は、知覚しやすいように長いローブを着た人間のような姿で現れる。ただ、シルエット状に見えるだけのことが多い。記録を読み返してみたところ、初めての出会いは２０１６年だった。

▼2016年11月13日

アークトゥルスへガイドとともに行く。第5密度の存在が、アークトゥルスのそばの惑星の非物質次元に住んでいる。銀河連合のなかで第4密度の異星人たちを導く立場にある。

モンロー研究所トレーナーのフランシーン・キングとつながりのある存在たちに目の前に来てもらう。今回は第4密度の姿で現れる。何人もウルトラマンのような、体にフィットした宇宙服を着たような人がこちらに向かって歩いてくる。無表情。右わきを通り過ぎてそのまま歩いていくが、筆者の後ろからぐるっと回って前に来た。

前に来ると皆、ニコニコした感じに変わった。いっせいに何かいいだしたが、聞き取れない。これは宇宙語だ。話すのはひとりだけにしてもらうが、まだ宇宙語。突然、日本語になった。

「私たちはどういう姿にでもなれます。あなたの好きな姿になれます」

「非物質のままでもいいですよ」

ガイダンスがプレアデスへ行くようにいってる。

「後でまた来ます」

そういって、ここを去る。

▼2020年7月23日

フランシーンが会ってる生命体と会うことにする。

「フランシーンとあなたは深い関係性がある。ということは、われわれとあなたも深い関係にあるということだ。フランシーンは地球に生まれる前にここに来て研修を受けたが、あなたも同様に研修を受けたことがある。フランシーンはシニアコース、あなたはジュニアコースまで。地球人のなかで精神世界に強い影響を及ぼす人の多くは、ここで研修を受けている。

ここは第5密度。人類や他の生命体が把握しやすいように、第4密度の構造物を作りだしてはいる。建物や草原とか……」

「もっと見えるようになるには？」

「ハートの活性化が必要だ」

▼2021年10月12日（火）

フォーカス42でアークトゥルスへ行く。すぐに女性的な存在と会話が始まる。

「あなたは交信が得意なのだから、もっと自信を持っていい。いくつもの生で神託を降ろすようなことをやっている。毎日、1回は私かバシャールかサディーナ、ディアナと交信するように。私はフランシーンのガイドのひとり。ただ、あなたが生まれる前にここで学んでいたときの教師のひとりでもあった。名前はないので、好きなように呼んでいい。

あなたがジョークが好きなところは、今も変わらない。魂の持つ個性のようなもの。ここは第5密度、非物質。私は第5密度の存在で体は持たないが、どんな姿でも自在に表すことができる。

ここはアークトゥルスの惑星上にある。ただ、非物質空間。ここには学校がある。多くの星から学びに来る。彼らは物質次元の存在が多いので、把握しやすいように物質世界に近い世界を作りだしている。つまり建物があり、緑の芝の草原があるというふうに。

あなたが以前行ったM87星雲にも似た学校がある。あそこもこのあたりの宇宙中から学びに来るので、似たような建物や草原、森がある」

この女性的存在から、覚醒するための方法を教えてもらったことがあるのだが、それについては、後でお話ししたい。

◎プレアデス星団

地球から440光年の距離にある若い青白い星の集団がプレアデス星団だ。和名は「すばる」。プレアデスには50回以上訪れている。得た情報をまとめる。

・第7密度までのさまざまなレベルの生命体がいる。
・人類と関係の深い人類型の生命体もいれば、人類とは関係のない生命体たちも大勢いる。
・人類型の生命体は第5密度と第4密度で、第4密度の人類はアルシオネの第3惑星にいる。バシャールによると、人類型(プレアデス人)は美男美女が多いそうだ。そのため、最初に人類とオープン・コンタクトするのはプレアデス人だとのこと。
・この惑星は地球とよく似た惑星で、海もあり、植物、動物など地球と似たようなさまざまな生命体が生きている。地球では見ないタイプもいる。人類はドームに住んでいる。ドーム内の環境は100パーセントコントロールされている。

・筆者の未来世であるサディーナという女性が、アルシオネにいる。彼女によれば、『アナと雪の女王』のエルサ女王のような顔立ちだとのこと（目はエルサほど大きくはない）。
・未来世であるが、筆者と時間を超えてつながっている。
・ここの多くの人は、創造性を発揮する活動を行っている。地球における音楽や絵画のような芸術もその一部。新しい食べ物、ファッションを作りだすこともそのひとつ。ここでは宇宙のさまざまな領域へアクセスできるので、常に新しい情報を得ては、これまでになかったものを生みだすことができる。
・ここはすべてが色鮮やかで輝いている。第4密度では色が第3密度よりも鮮やか。また、音も同様に美しく輝く。

次に、「スターラインズ」に4回目に参加した2006年の、興味深い体験を紹介する。

▼2006年3月7日

プレアデスに着いた。知的生命体と会いたいと思う。

目の前に渦《うず》が現れた。白い線と青い線から成っている。それが回転している。ひとつではない。ふ

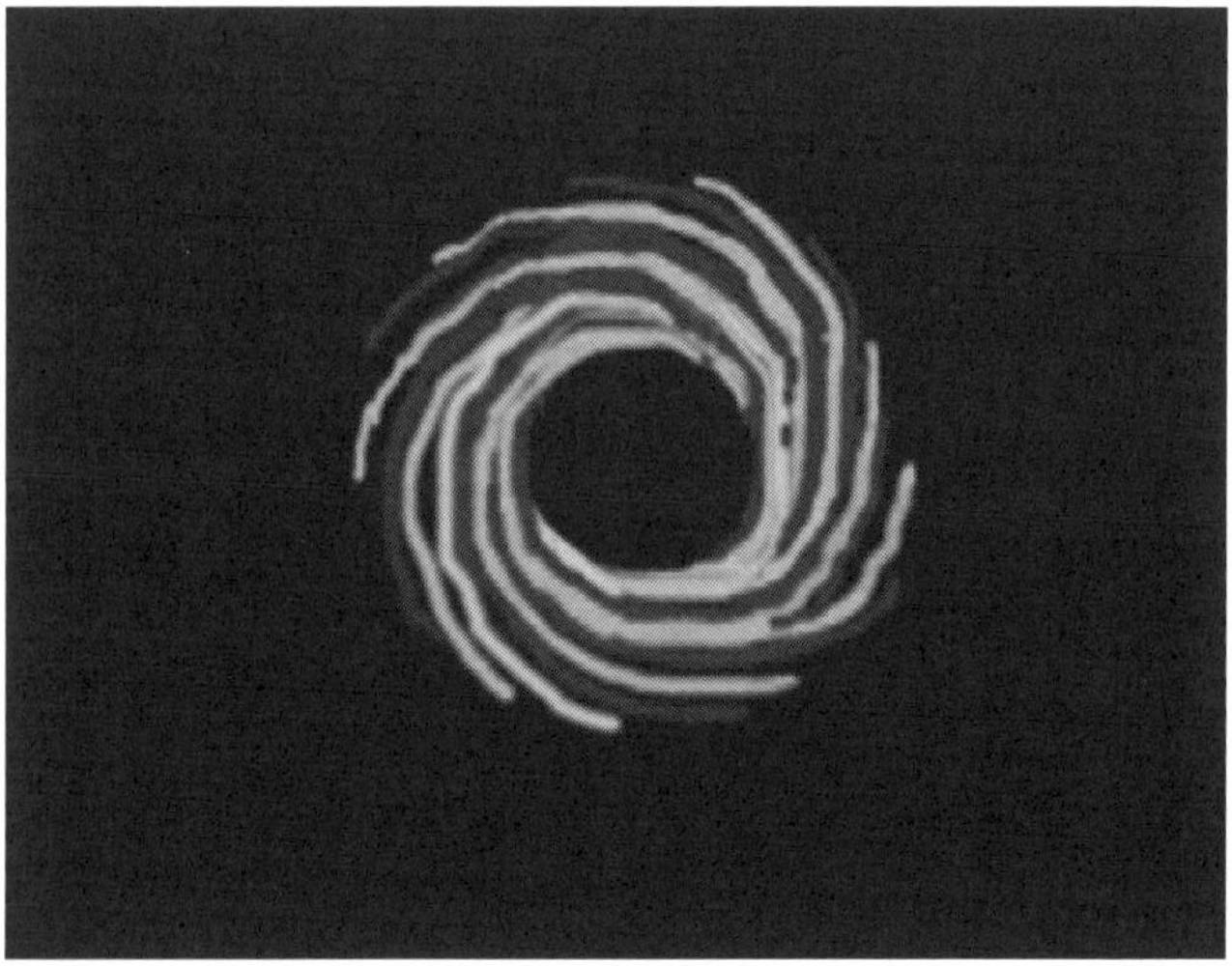

↑プレアデスで目の前に出現した渦。父親という印象を受けた。

たつ、３つ現れた。どうも父親という感じを受ける。親しみがある。

「私はここから来たのか」

「そうだ。ボブ（モンローのこと）が『KT−95』と呼んだのはここのことだ。彼が抜けた穴を見せよう」

ひまわりのようなものがいくつも並んでいて、いくつか抜けたところがある。

「ボブが抜けたあと、噂が広まってついていった者が何人もいる。そのひとりがあなただ」

「でも、プレアデス星団はとても若いんじゃないですか。私は60億年前に生まれ、まず岩石を体験したといわれたのですが」

「時間はそれほど意味を持たないのですよ。ここから出て、あなたは60億年前の時間へ行き、そこで岩石から体験した。さまざまな物質的な生命体を体験して、人間になった。ボブはすぐに人間になった」

「ずいぶん近道を取ったんですね」

「彼は気が短いたちだから。でも、こうやってあなたはやっと戻ってきた」

「ここが大きな元ですか」

「そうだ。ここから分かれていった」


『魂の体外旅行』（日本教文社）によると、モンローは地球に来る前に「KT−95」という天体にいた。ここでの生活に飽《あ》き、あるとき、他の天体を訪れるツアーに参加。地球を訪れて興味を抱き、地球生命系に入って人間になった。そして何度も人間体験を繰り返すことになった。一緒にツアーに参加していた仲間がKT−95に戻ると、モンローの抜けた穴があったというが、筆者が見たのはまさしくこの穴である。

さて、次にサディーナに最初に会ったときのエピソードを紹介したい。

▼2014年8月17日

今回は何を目的にしようかと思う。

自分の未来世はプレアデス人の女性だと別のセッションでいわれたが、本当なのかどうか聞いてみることにする。

フォーカス34／35へ着く。暗いなかに白っぽい構造体が見える。何層にもなっていて、大きい。宇宙ステーションだ。

「ここでは何ですから、なかへ入りましょう」

男性の声だ。モンローだろうか。内部へ。

「あなたの未来世のプレアデス人を紹介しましょう」

サディーナという名前が浮かぶ。

「前にも何度も会ってますし、あなたのガイド役として以前から導くこともやってきています。なので、初めてではないですが」

「私はあなたの未来世です」

女性の声が話しはじめた。目の前にいるようだが姿は見えない。

「どういう顔立ちなんですか？」

「目は地球人よりも大きめです。初めはどんな姿をイメージしてもかまいません。そのうちに一瞬だけ本当の姿を把握できるようになります。今のところはアナと雪の女王のお姉さん、エルサをイメージしたらどうでしょうか。あそこまで目は大きくないですけど。

あなたは、今後、私との交信が中心になります。私との交信はハートを通したものが主になります。それを練習すればもっと見えるようになるでしょう。今はまだ頭を使った交信をしています。そのほうがあなたは慣れていますから。でも徐々にハート中心に移っていきますよ。そうすることがアセンションでもあるので」

そうなんだ……。

「あなたはお姉さんという感じですね。あまり性的なものを感じないので」

「そうですね。でもあなた自身の女性的な側面ですので、そういう面を感じるようになることもあるかもしれないですよ」

男性性と女性性の合体について思いだした。

「まずレッスン1として、意識の中心を眉間《みけん》からハートへ移す練習をしましょう」

やってみる。なかなかうまくいかない。

そのうち少し眠くなってきた。

「そうだ。あなたは普段プレアデスで何をしているのですか？　どういう生活ですか？」

「普段はアルシオネに住んでいます。私たちは1000年くらい生きます。まず、生まれてすぐにここの環境に慣れることを学びます。ここは地球のような3次元空間ではありません。もっと多次元ですので、それに慣れる必要があります。時間がもっとフレクシブルで、同時にいろいろなことができます。

小さいころには学校のような教育の場に行きます。その後は、あなたのような他の生命体たちが発展できるように手助けをします。何人も同時並行に手助けします」

その後、サディーナに会ってレッスン2から9まで教わった。それについては本書の最後のほうで紹介したい。

サディーナの住んでいる星については、別の機会にも尋ねたことがある。

▼2014年8月18日

「住んでいる星はどういうところなんですか？　プレアデス星団の星は青白い星で太陽とはかなり違う星ですよね。それから星団のなかだと隣の星が近くにあるので、惑星軌道が安定しないのではないでしょうか？」

「プレアデス人はあなたも知っているように人間型です。地球と似たような環境でないと生きれません。酸素濃度や温度がある範囲にないといけないわけです。それから重力も地球と同じ程度であることが必要です。そういう意味で地球によく似た惑星です。われわれの太陽であるアルシオネは青白い星ですが、この惑星の大気によって有害な紫外線成分はかなり吸収されますので、大丈夫です。

星団のなかにいますが、隣の星までの距離はそこまで近くないので、惑星は安定軌道を描けます。ご存じのように二重星にも安定軌道を持つ惑星が存在します。それに比べれば、隣の星の距離は遠いです。

さらに、プレアデス星団の星は皆、1億年ほどの若さで、生命の発達進化する時間がないと思う人もいますが、生命はここで発達したわけではなく、他からやってきました。

この惑星には海もあり、地球と似たようなさまざまな生命体が生きています。植物、動物など。地球には見ないタイプもいます。

あなたもいつかこの星を訪問してみてはどうですか。もっとよく見えるようになってからがいいですが。アストラル体で来ることになるので、夢のなかとか……」

▼2014年8月22日

「この星には地球同様、植物や動物などの生命系があります。私たちはそれに最小限の影響しか及ぼさないように、ドームのなかに住んでいます。ドームは地上から柱で支えられていますが、地上からある程度の距離を保っています。ドームは透明の物質でできていますが、アルシオネなどの青白い星の紫外線をカットし、住人が安全に住めるようにしています。

ドーム内にも植物は生えていますが、すべて私たちが選択したもののみが生育するようにしています。ドーム内の環境は100パーセントコントロールされています。私たちの食べ物はすべて人工的に作られます。地球における植物工場のようなイメージですが、動物性たんぱく質も作られています。私たちは動物性たんぱく質を摂取《せっしゅ》しますが、動物を殺す必要はありません」

◎太陽系近傍のその他の星

ガイドによれば、太陽を含む直径1000光年ほどの範囲には人類型生命体の住む惑星が多数ある。ほとんどの星が太陽と同程度の明るさか、あるいは太陽より暗い星の惑星である。なかには太陽そっくりの星、その周りの地球そっくりの惑星もある。

人類型以外には、カマキリ、龍、イルカ、昆虫が一般的で、昆虫は厳しい環境でも生きていける。

たとえば、こと座ベガとレティクル座ゼータにはカマキリ型の知的生命体が住んでいる。

◎アヌンナキによる人類創成

銀河系内の太陽系近傍の星々の話をする際に避けて通れないのは、「アヌンナキ」と呼ばれる地球外生命体と人類型生命体の創成ストーリーである。

バシャールによると、人類はアヌンナキによって創られた。はくちょう座のある星にいたアヌンナキはまず、こと座の星（人類は名前を知らない）とオリオン座のリゲルに植民地を作り、リゲルからさらにオリオン座の三ツ星のミンタカに入植、さらにこと座の星とリゲルからおうし座のプレアデス星団に入植した。

地球には、リゲルとミンタカからやってきた。地球に来て、もともと地球にいたホモ・エレクトスに遺伝子操作を行い人類を創成した。その際、自分たちの遺伝子も組みこんだ。それは50万年前のことである。

実は、地球に来た理由は金を採掘するためで、彼らは自分たちの惑星の天候を調整するために金が必要だった。ただ、重労働になるので、労働力として人類を創成したのだ。中東とアフリカ大陸でのことだ。アヌンナキは人類よりももっと背が高かった。当時の人類も今よりも背が高かった。

人類の最初の文明はムー（レムリア）で、太平洋を中心に日本の一部、東南アジア、中国の一部、ロシアの一部にあった。そこから世界各地へ植民していった。そのひとつがアトランティスである。ムーはその後の地殻変動で海底に沈んでいった。アトランティスは3万年前から1万2000年前まで続いた。アトランティスは今のキューバ、プエルトリコ、フロリダの一部、バハマなどの地域にあった。当時は氷河期で今よりも海面が90メートル低いので、このあたりがふたつの大きな大陸になっていた。

アトランティスでは、水晶がパワーの元で、都市に光が供給されていた。振動を理解し地球中を結ぶ遠距離通信ができた。

アトランティス人は茶色の肌の人たちで、空気よりも軽い銅の船で移動する。建築物はアズテック文明に似ている。

1万2800年前、アトランティスの最後の時期になると、巨大彗星の軌道を地球が毎年2回、通過するようになった。その後、彗星が小さく分裂し、破片が年2回、20年にわたり地球に落下し、大きな破壊をもたらす。多くの人が南米、中米、アフリカ、ヨーロッパへ逃げ、エジプトへ技術、ピラミッドの建築術をもたらした。

その後、彗星本体の残骸《ざんがい》（直径数百メートル）がふたつ、北大西洋に落ち、高さ300メートルの津波が発生。これによってアトランティスは崩壊し、さらに他の文明もすべて崩壊した。これが『旧約聖書』に出てくる「ノアの大洪水」である。この彗星の破片は地球公転軌道上に今でも残っていて、おうし座北流星群とおうし座南流星群として観察される。

◎オリオン大戦

この範囲の星の間では、遥かな過去に帝国と反乱軍の間で長期間にわたる戦争があった。それは「オリオン大戦」と呼ばれる。この戦いは映画『スター・ウォーズ』の元ネタになっている。

オリオン座のリゲルとミンタカ、それにこと座の星にいた人類は元々ポジティブだったのが次第にネガティブになり、他の多くの星を巻きこんで互いに戦うようになった。そのなかから皇帝が現れ、帝国支配を広げていった。それに反対する人々は、ブラック・リーグという反帝国連合を結成した。熾烈《しれつ》な戦いが長く続いた。今では戦いはほぼ終わり、皆、ポジティブな生命体になった。ただ、一部の人たちは地球に来て、延長戦を戦っている。

オリオン大戦は人類型だけでなく、龍型や爬虫類型、カマキリ型、その他、多くの生命形態が戦いに巻きこまれた。ただし、これらの形態がすべてネガティブだというわけではない。今では、多くがポジティブになっている。

バシャールによると、オリオンを象徴する旗がある。それは上下方向に3つに分かれた三色旗で、下から黒、赤、白の順である。バシャールによると、ネガティブ（黒）からポジティブ（白）に移るのに、間に血（赤）を見たことを表しているという。

この3色の組み合わせは、ナチスドイツや中東の国家の国旗に見られる。

次に紹介するのは「スターラインズII」における、ポータル・ルームというセッションでのオリオン大戦に関連する体験である。ポータル・ルームはフォーカス42にあり、時空を超えてピンポイントで望んだ時間・場所へ行くことができる。

▼2009年11月17日

ポータル・ルームへ着いた。椅子に座ると、スクリーンが前に現れる。次第にまわりが暗くなり、画面だけが見える。オリオン大戦について体験することにする。

男性の声が話しだす。

「オリオン大戦のどの部分を知りたいですか。概要ですか」

「それなら知っているので、具体的なところを体験したいです」

「そうですか。この戦いは今でも一部続いています。オリオンのリゲルやミンタカ、こと座の星で始まりました。」

話と並行してスクリーン上にはいくつのかの星が映しだされ、そのなかのひとつの星、さらにそのまわりの惑星系が映しだされていく。そのうちのある惑星に近づいていった。

「まず、リゲルには人の住む主要な惑星が5つあるのですが、そのなかのひとつで、第3密度、第4密度の人たちに、もっと欲しいという欲の心が芽生え、そこから支配や戦争が始まりました。彼らは、文明的には非常に進んでいたので、宇宙船やロボット技術を持っていました。それらを戦いの武器に使ったのです。

それではその戦闘のひとつに入っていきましょう。『シフトナウ』といって、右手のスイッチを押してください」

宇宙船（戦闘機）のなかにいる。コックピット内だ。上がったり、下がったりして、宇宙空間を飛んでいく。かなり小回りがきく。

「われわれはネガティヴサイドです。これはひとり乗りの小型戦闘機です。先方に敵機がいますので、それを撃ち落としましょう。今です」

右手で何かを押す。当たらないようだ。

「だめでしたね。もっと集中して」

もう一度、やる。今度は当たったのか、爆発したようだ。

「今度は別の戦闘機に乗りましょう」

機械で囲まれたコックピット内にいる。何かロボットが操縦しているようだ。

「これはロボットが操縦するタイプです。ネガティブ側は相当ハイテクが進んでいます。このロボットは半分バイオでできています。ですから、生物でもあるわけです。ただ、意識はありません。まったくのロボットです」

こっちのほうは動きがもっと素早く、こまめに回転などをしながら進んでいく。

「それでは、今度はわれわれの側、つまりポジティブなサイドの戦闘機をお見せしましょう」

何やらもっとローテクな感じのものが見えてきた。

「われわれの科学技術は、敵ほどには進んでいません。機械的にはかなり劣っています。ハンドメイドで作られてるところがあります。ただ、精神的な面を使います。たとえば、先読みをして相手を叩く、とかです。でも、恐怖心が出てくると、先読みができなくなり、やられてしまいます。問題は、戦闘ですので、恐怖心に囚われてしまう者が多いことです。そのためネガティブ側になった者が多くいました」

「そうですか」

「あなたも私もここで何回も生まれ変わっているんですよ」

「えっ、そうなんですか？」

「そうです」

月が見えてきた。地球の月そっくりだ。

「われわれはこの月でよく戦いました。この月は地球の月そっくりでしょう？」

このあたりでナレーションが、終了するように指示してきた。スイッチをオフにして、ここを離れる。

◎オリオン座リゲル

▼2009年11月30日

フォーカス42に着いた。

「オリオンでのひとつの生を体験してみたいですか？」

「はい」

「これはリゲルの惑星テンペリオンでの人生です」

馬に乗った集団が見える。全身が金属的な鎧《よろい》に包まれている。左手へ移動していく。

「これは馬に似た生物ですが、馬ではありません」

ずいぶん昔臭い姿をしている。戦闘機のパイロットとか、もっと進んだ文明の人生ではなかったのかと思っていると、突然上昇しはじめた。

「これは空を飛ぶのです。天馬のアイデアの原型です」

集団で空に舞い上がっていく。

「これはメカでありバイオ生物です。あなたと意識がつながっていて、あなたの意識で動くのです」

突然、降下を始めた。着地したのか、茂みのなかにいる。

「敵を包囲しました。全員を生け捕りにしました」

敵って、どういう生物なのだろうか。

「彼らはネガティブになったので、捕《とら》えて再教育を行うのです。後はその役目の人たちに任せます。あなたは帰還します」

しばらくすると、自分の家なのか、木の根が網の目状に張りめぐらされたところに来た。そこを登っていく。すると、そのなかに空間がある。そこが住まいなのか。木の根のようなものしかなく、隙間を通して外の空間が見える。妻に会いたいと思う。

「あなたには16人の妻がいます。ここでは週は16日なので、日替わりに妻を持っています。ここはあなたの妻たち、子供たちで暮らす巣のようなところです」

何かセックスの雰囲気がただよっている。

「ここではセックスはオープンです。まったく正常な行為です」

「親や兄弟たちは？」

「別々のところで暮らしています」

ナレーションが帰還するようにいっている。従う。

◎はくちょう座デネブ

はくちょう座デネブにも人類型が暮らしており、やはりオリオン大戦に巻きこまれている。はくちょう座は夏の星座であり、オリオン座が冬の星座であることを考えると、白鳥座とオリオン座は地球を挟んで反対側にある。

「オリオン大戦」という名前で呼ばれてはいるが、戦いはオリオン座の星（正確にはオリオン座の方向にある星）に限られたわけでなく、太陽系を含む広い範囲の星を含む領域での戦いである。

以下は「スターラインズ」での、フォーカス42のあるセッションにおけるガイドとの会話である。

▼2014年9月8日

「デネブのまわりには5つほど、生命の住む惑星があります。そのうちのひとつ、第3惑星に人類型がいます。今は第3密度から第4密度へ移行する過程にあります。超ハイテクな文明です」

惑星がいくつも丸く見える。

「以前、過去世で生きていた時代に行きたいですか？」

「はい」

「過去世といっても、プレアデスに来る前ですから、100万年ほど前のことです。当時はオリオン大戦の真っただなかで、この惑星にはネガティブな人類が住んでいました。今の地球よりもハイテクです。前にお話ししたように、あなたはここで農民から出世して宇宙船の艦長にまでなったことがあります。何百回と輪廻をしています。今の奥さんもお姫さまなどを体験しています。あなたとは、あなたが艦長だったときに結婚しています」

水田を一輪車のようなもので耕《たがや》している様子が見えてきた、

「当時は宇宙船を飛ばすほどのハイテクがあった半面、農業などは遅れていました。中国のように軍事費にお金をかけすぎたせいで、それ以外にはお金が回らなかったのです。デネブのまわりには他に4つの生命体の住む惑星があり、それらとの間で戦争が起こっていました」

「Xさんと一緒だった人生はありますか？」

「はい。あなたは若い軍人です。Xさんと付き合うことになりました。当時のこの国は戦前の日本のような感じです。人の紹介で付き合いはじめることが多かったのです。Xさんは貴族の娘です。あなたは付き合いはじめました。白い軍服を着ています。軍事関係の記念日の祝賀祭にデートをします。華やかな屋外の式典やパレード、お祭りがあり、そこでデートをしています。その後、結婚します。

あなたは順調に出世していき、最後は艦隊長までになりました。当時は星間の戦争はほとんどなく、平和な状態でした。国内（惑星内）の反乱運動が活発で、その対策で忙しくしていました。リタイア後は豊かな生活をします。

ただ、途中で気がつくのですが、Xさんは反帝国連合のブラック・リーグにつながっていて、情報をあなたから盗みだし、渡していたのです。これは実は結婚前からやっていたことです。あなたは途中で気がついたのですが、夫婦関係を壊したくないので、見て見ぬふりをしていました。その後もずっと情報は盗まれていました。

この人生ではこうでしたが、後の戦前のドイツでの人生では違う展開になりました」

◎その他の星々

以下に紹介するものも、「スターラインズ」におけるフォーカス42のとあるセッションでのガイドとの会話である。

▼2013年11月4日

「あなたはデネブ以外でも、ある星の惑星で何度も転生しました（100回くらい）。太陽よりも若干緑がかった（白っぽい）星です。ほぼ同じ大きさの星で、地球と同じような惑星があります。ここには人とほぼ同じ生命体が生きています。肌の色は光の加減で少し緑がかって見えます。あなたは国家宗教を信奉する軍人だったこともあります」

「あの囚われていた人ですか？」

「そうです。この前救出できましたが。ここにはF23から27のようなものがあり、あなたの側面はF23に囚われていました。それから、オリオン座の方向800光年ほどにある星でも、何度も生きています。ここは非常に暗い星です。ここではオリオン大戦のときに、宇宙船の戦闘機の優秀なパイロットでした。ネガティブ側の星で、ポジティブ側の星と戦争をしていました」


ここに出てきた国家宗教を信奉する軍人と、その救出について説明したい。

筆者は子供のころから、国家神道が大嫌いだった。特に靖国神社とか伊勢神宮を毛嫌いしていた。10年ほど前、日本の古代史の本を書くことになり、流れからどうしても伊勢神宮を訪問せざるを得なくなった。ただ、伊勢神宮に着くやいなや、怒りが沸きあがってきてしまった。すると、土《つちの》宮《みや》だったか風宮《かぜのみや》だったか忘れてしまったが、ある宮の前を歩いていると、突然男性の声が心のなかで聞こえてきた。

「そういう心構えで来るな！」

「あっ、失礼しました」

その場で謝罪し、その場は引き揚げ、後に出直して、何とか伊勢神宮についての本を書くことができた。

このように筆者は、なぜか国家神道に怒りを覚えていた。その理由は過去世にあるようにも思えたが、よくわからなかった。それに関連するかどうかは不明だったが、２００６年7月21日（金）の早朝に、不思議な夢を見た。


戦争に負けた。自分は軍人で、A級戦犯の末席のひとりだ。

前に門がある。それは神殿への神聖な入り口だ。そこを通ると、後ろで門の扉が閉まった。扉は上から降りて閉まるタイプで、扉が降りてくる際に左肩に当たった。何でこういうときに当たるのか、少し腹立たしい。

前に白い厳粛《げんしゅく》な道が続く。その数百メートル先には神殿がある。和風の造りではない。洋館だろうか。

自分は日本人の軍人のようだ。この道をすでに他の戦犯の人たちが通っていった。

自分は最後だ。そこを歩いていく。

だいぶ前を5名ほどの一団が行く。

自分は軍服を着ている。高貴な感じだ。国のために行ってきた。胸を張っていこうと思う。

他の連中は泣きくずれたりしている。

自分は軍帽をかぶっているが、真ん中分けの前髪がある。それが下がってくるのをさかんに上げる。眼鏡をかけているようだ。目に涙が溢《あふ》れてきているようだ。

まっすぐに白い高貴な道を進む。

先の建物の前で、スーツ姿の文官が左手で口に刀を上から差しこみ、自殺をはかる。この数名の最高位の人だ。死にきれず、まわりにいる5名ほどの同じような服装の文官にとどめを刺すように促す。

他の連中も血まみれだ。ナイフで首をかこうとするがうまくいかない。もうひとり右手からきた人が手伝おうとする。

自分は冷静に近寄り、「拳銃でとどめを刺していいか」と尋ねる。自分も拳銃で死のうと思う（刀は痛そうだ）。

右手に拳銃をとりだし、リボルバーの弾を調べる。入っていないようなので、弾を詰めようとして、目が覚めた。

それにしても、この夢はかなり変だった。日本の軍人には前髪はない。つまり坊主頭だ。それに、こういう感じで自決した文官はいないはずだ。それから旧陸軍は南部式拳銃（正式名は十四年式拳銃）を採用していた。リボルバー（回転式拳銃）ではない。

過去世で、どこか別の国で、こんな体験をしたのだろうか。国も時代もまったく違うところで。あるいは、他の天体で。それを日本のことだと把握したのだろうか。

どうもオリオン大戦のころに体験したような気がする。そこには靖国神社に相当するような国家の神聖な神殿があり、軍人である自分は国のために働いた。が、国が敗れ、戦犯となって自決した。そのときの思いから、国家の神聖な神殿に対して怒りを覚えるのだろうか。

これに対する答えを２０１２年12月の「スターラインズⅡ」で教えてもらった。あるセッションで、銀河系内を探索していると、ガイドが話しかけてきたのだ。

「あなたは地球生命系内の過去世の救出はほぼ終わった。後は銀河系内の他の星での救出をする必要がある。まだあちこちの星に囚われている存在がいるのだ。

たとえばオリオン座の星にいる存在だ。例の軍人だった存在。この救出を今やってみよう。地球のフォーカス23や25に相当するところに囚われている。フォーカス27に相当するところへ連れて行く必要がある。

あの存在の尊敬していた将軍のフリをして行ってみるといい」

すると将軍のような身なりの年配の男性が自分の前に現れた。自分に話しかけてきた。なに？　自分が救出される立場なのか？

「あなたは、本当は宇宙の真理を知りたかったんじゃなかったのか。そのために軍人になったんだろう。それを学べるところへ行こう。宇宙の真理を学ぶところへ行くのだ」

と将軍がいった。

「そうだった。俺は宇宙の真理が知りたかったんだ。だから、神聖な帝国である国家の軍人になろうと思った。そこで神聖な真理を学ぶことができると思ったのだ。それがいつの間にか、神聖国家の軍人になることにすり替わってしまった。そして国家のために戦った。

そうだ。思いだしたぞ。俺は本当は宇宙の真理が知りたかったんだ。思いだしたぞ」

前へ進んでいく。

「これはオリオン座のある星でのことだ」

不思議なことに、この救出以降、神社に対してまったく反発を感じなくなった。

無条件に持ってしまう感情は、過去世や場合によってはこのケースのように地球にやってくる前に別の天体で体験した事柄が原因ということもある。

遥かな過去の出来事のように思われるかもしれないが、時間というものはあるようでいて、ないものなのだ。

◎エリダヌス座イプシロン

地球から10・5光年の距離にある、太陽より若干小さい恒星がエリダヌス座イプシロンだ。

この星にはかなりの回数行ったが、翼竜のような生命体が住んでいる。

以下も「スターラインズ」のフォーカス42における、あるセッションでのガイドとの会話である。

▼2009年1月28日

「エリダヌス座イプシロン星で龍をやっていたと、この前にいわれたと思うのですが、それについてもう少し詳しく教えてください」

「あなたというよりは、あなたのI/Thereクラスターのメンバーだ」

「この生命体は宇宙空間を飛べるんですか?」

「この生命体は鳥のような生き物で、地球上の鳥のような進化をたどってきた。そして文明が発展し、宇宙へも出て行ったのだが、非常に特殊な合成繊維《せんい》でできた飛行服を発明し、それをまとうことで、真空の宇宙空間でも空気中で飛ぶのと同じ感覚で飛ぶことができるようにした。もちろん羽を動かしても、その力で飛ぶわけではない。動力はまったく別のものを使うのだが、彼らは空中での飛行に慣れていたので、同じ感覚で宇宙空間も飛べる技術を開発したのだ」

「すごい発明ですね……彼らは、戦争をしている印象だったんですが」

「そうだ。ネガティブ側と戦っていた。同じ惑星内や他の星にいる生命体たちと領地をめぐり戦争があった。第3密度の生命体たちどうしの戦いだ」

「知人のなかに、ここにいた人がいますか？」

「Nさんがそうだ。彼はここで戦っていた。彼はネガティブ側からのエネルギー攻撃を体内に受け止めてしまい、ダメージがそのままになっている」

「地球に転生してくるときに、そのまま持ってきたのですか？」

「そうだ。エネルギー体でやってくるが、そのなかにある因子はそのまま持ってくる。ちょうど過去世でのトラウマが、エネルギー体に蓄えられているのと同じだ。彼は戦いで撃墜されて、そのまま死んだが、その際に、エネルギー体にダメージを受けた」

「どの部分ですか」

「胸の一部だ。他にもいくつか小さなものがある。胃、膀胱《ぼうこう》、左足のひざの少し下の部分だ」

「どうやったら治せるのですか」

「地球上での人生で、受けたエネルギー体へのダメージを癒すのとまったく同じだ。その体験を思いだしたり、エネルギーワークをして生命エネルギーを注入することで癒される」

ガイドによると、モンローの『究極の旅』に出てくる飛行する生命体の記憶も、この星での過去の記憶だという。さて、次にエリダヌス座イプシロンでの体験をひとつ紹介する。「スターラインズII」における、ポータル・ルームでの体験である。

▼2009年12月8日

暗い宇宙空間が見えてきた。そこに黄色の筋が縦横にパターンを作っている。これがこの生物の見え方なのか。

「しばらく慣れるのに時間がかかりますよ」

その筋状のトンネルのようななかを移動していく。ナレーションに従って、「シフトナウ」という。

どこかへ来た。ここは明るくて黄色っぽいところだ。何か地下のレストラン、または居酒屋にいるような印象だ。いくつもテーブルがあり、何やら生命体が多数いる。はっきりとは見えない。一瞬クリックアウトしたのか、気がつくと、自分が何か話している。相手は女性だ。

「あなたがやさしくしてくれないなら、いいのよ」

「ああ、そうかい、もういい。こんなところ二度と来るもんか」

何かキャバレーの女との会話のような印象だ。一緒にいる仲間とここを去ることにする。

黄色っぽい明かりの店の人ごみのなかをを進んでいく。どこまで行っても同じような地下の部屋という印象のところだ。

彼らの姿が少しはっきりしてきた。羽のある生物で茶色で、何か、虫のような体つきをしている。『スター・ウォーズ』のエピソード2に出てきた、アナキンが処刑される星の生物、あれの印象に似ている。

「戦争中だからです。敵からの攻撃に備えるためです」

「そうなんですか。地上に出てみたいですね」

「それは戦闘になったらですね」

「敵機来襲、敵機来襲！」

アナウンスが聞こえてきた。皆ぞろぞろとどこかへ移動する。茶色の生物が何体もくっつくようにして束になって移動していく。そのまま飛行機のようなものに乗りこむのか。

「あなたも知ってのとおり、ここでは体に着た服がそのまま宇宙空間を飛ぶ機械になります。今はさらに大型の飛行機に乗ってまず敵のそばまで行き、そこから各自が飛び立っていきます」

皆と一緒に自分も飛び立っていく。暗い空間に出た。敵機を捜して飛んでいく。

ここで帰還の指示が来た。ポータル・ルームへ戻る。帰還。

◎光合成をする知的生命体

▼2010年11月19日（金）

フォーカス42に着く。

「今回はもっと面白いことがありますから、そこへ行きましょう。まだ一度も行ったことがないところです。KT－69という星です。地球から4・5光年の距離にあります」

暗い宇宙空間を移動していく。すぐに着いたらしい。

何やら大きな木のようなものが見えてきた。何かよくわからない。近寄っていき、内部へ。液体のような感じのするところだ。惑星全体が液体で覆われているのか。よく見えないが……。

「ここには目の見えない生命体が住んでいます。交信してみてください」

「ようこそ。われわれの従弟《いとこ》さん。私たちは全員がテレパシーでつながっています。惑星全体を覆うようにして生きています。個別の体は持っていますが、意識はすべてつながっています。そこの星の光を使って光合成をしてエネルギーを得ています」

ということは酸素があるということだ。液体内の酸素を使っているのだろうか。

さっきから青緑色が見えている。葉緑素が体内にあるということだ。

そろそろここを離れることにする。彼らが従弟とはどういうことだろうか。

「われわれは銀河系内のこのあたりの領域に入ってきて、いくつにも分かれて、探索しています。だから従弟のようなものなのです」

そうガイドがいった。

◎宇宙空間のI/Thereクラスター

自分の属するI/Thereクラスターが、宇宙空間に浮かんでいるのを目撃したことがある。I/There

↑宇宙空間に浮かぶ筆者のI/Thereクラスター。

と同様にスタジアムの形をしていたが、下面がロート状に伸びていた。おそらくロート状の部分がそのままI/Thereスーパークラスターへつながっているのだと思われる。

　オリオン座のリゲルやミンタカ、プレアデス星団などがある、太陽系からせいぜい７００光年くらいのあたりだった。

　I/Thereクラスターのメンバーは、そのあたりを中心とする、半径１０００光年くらいの範囲にわたって散らばっているのではないだろうか。

◎銀河系内の他の領域

太陽系近傍を離れた銀河系内の他の領域にも、人類型を含めて多数の生命体がいる。そういった領域での体験を紹介する。

▼2013年11月5日

フォーカス42に着いた。暗い宇宙空間に小さな星が無数に見える。何をしようか迷っていると、ガイドがいう。

「面白いところへ行きましょう」

宇宙空間を移動していく。

「アヌンアキは地球近傍のオリオンのあたりだけでなく、銀河系内のあちこちに実験場を設けて、住み着いたんですよ。人類型と龍型です。今回行くのは人類型ですが、地球とは少し違う生命系をお見せしましょう。銀河系のコアの反対側にあります」

左手に銀河系のバルジを見ながら、銀河系の中心と太陽系の間と同じ距離を保ちつつ回っていく。

「中心部は星がたくさんあるので、つっきるのは大変なんです」

木星のような球体がいくつも見える。さらに進んでいく。

「はい、着きました。惑星の大気圏へ入りましょう。

ここには人類型が住んでいるのですが、地球とはまったく異なる形での生き方を選びました。ここでは惑星との一体感がとても強いのです。映画『アバター』の世界と似た世界です。惑星と意識が常につながって生きています。

彼らは自分の惑星を母として把握しているのです。実際、母なる惑星からすべての滋養、栄養を得ています。もちろん人類ですから、私たちと同じように生殖、出産をするのですが、惑星は彼らにとって母なのです。

この惑星の表面は大きな木々で覆われています。彼らはこの木のなかに住んでいて、木からさまざまな栄養をとっています。雨が降ったりもしますが、この木によって覆われているので、それほど影響を受けません。技術的にはかなりローテクです。

彼らは母なる大地と常に交信し、常に愛されていますので、幸せそのものです。ケンカや争いごとはありません。ましてや戦争なんてありません。地球人にとっては理想のような世界です。家族は一緒に住んでいます。親戚も近くに住んでいます。歳老いて死ぬと大地に戻ります。

彼らのフォーカス27は惑星内にあり、そこで亡くなった人は再生して生まれ変わってきます。こういったことを知っていますので、死への恐れはありません。彼らは惑星と交信していますので、死んだ後のことも知っているのです。互いのテレパシーで交信も若干あります。

彼らは物質的な欲求は非常に少ないです。というのは、欠乏しないからです。必要なものはすべて大地から木々が提供してくれます。

すごく幸せな世界に見えますが、唯一の問題は、ここから先への意識の進化が得られないことです。ここは第3密度と第4密度の間ぐらいの状態ですが、それ以上に上がる手だてがないのです。

なので、ここから地球へ生まれ変わる人もいます。地球はネガティブな面が強いですが、それは大きな学びの場でもあるのです。もちろんこれから地球は変わっていきますので、これから先はそれほどネガティブではなくなりますが」

「ところであなたはだれですか?」

「あなた自身です。あなたの面倒を見ているヘルパーとでもいいましょうか」

「いつもありがとう」

◎生命体としての惑星

▼2011年11月6日

「ここは惑星全体がひとつの生命体です。地球も同じですが、もう少し違った意図を持っています。この惑星に外から生命体が寄ってくると、それを取りこんで捕獲します。といっても食べてしまうわけではないのです。

そのなかで輪廻させることで、全体のエネルギーを増やすのです。地球もある意味同じことをしているわけですが、目的が違います。

ここでは、惑星全体として意図をもって、そのなかのエネルギーを増やそうとしています。捕食ではないのですが、結果的に生命体たちはその惑星に囚われてしまいます」

惑星には近寄らないことにする。

◎電磁流体の生命体

▼2021年12月12日

「今回はこれまでに体験したことがない、珍しい生命系へ行きましょう。生命は人類の知っているような形だけではありません。タンパク質を基にした、炭素系の生命系だけでなく、珪素系《けいそ》もあります。

こういう物質を基にした生命系だけではありません。生命エネルギーが発露できる場があれば、どこでも発露します。これからある惑星へ行きます。

生命はたとえば、電気の陰陽、あるいは、磁場の正負のような相反する二極があれば、それを利用して生命エネルギーの男性性、女性性として発露できます。

この惑星では、電磁流体の特殊な場を使って陰陽を作りだし、さらにその結合が子供を産むということをやっています。

彼らは電磁波のような電磁流体内の場を使って、互いに交信することが可能です。また、自分たちの形や大きさ、色合いを変えたりして、個性を生みだしています。彼らはこの世界しか知りません。外に広がる世界は知りません。

この惑星の不安定性によって電磁流体も不安定になるので、命は永遠ではなく、雲散霧消《うさんむしょう》してしまうことがあります。

そのため死後は非物質状態になりますが、また新たな体に乗り移ることで生まれます。

この形態では意識の発展が頭打ちになってきています。そろそろ外の世界を知る必要が出てきています。非物質世界で他の世界を知りはじめるところに来ています」

◎高度に進んだ意識生命体

▼2005年3月15日

フォーカス42に着いた。オリオン座の星のなかで、知的生命体のいるところへ行きたいと思う。何かが見える。線でできた幾何学パターン。次いで海のようなものが見えだす。

「水ではないが液体だ」といわれる。

底へ着く。水色のなかに底に白っぽい黄緑、水色の岩が見える。珊瑚《さんご》のようなものだ。解説が始まる。

「この生命体は意識がテレパシーでつながっている。高度に進んだ意識生命体。ここはオリオンのベルトの三ツ星のそば。ここにいながら、別の生命系に行き、そこでの物質的な生命を体験する。それによって意識の進化を図っている。体験が成長をもたらす。ここでは捕食を自動的に行って肉体的に生きている。死んだら別の肉体に移ればいい。意識は皆つながっているので、死んだということはない。

あなたは前回、われわれと似たような存在と遭遇した。あれは別の惑星だが、同じような生命体だ。

地球へも来て体験している。あなたのI/Thereメンバーにもいる。ただ、地球生命系は一度入ると、ここのつながりを忘れてしまう。本来はこちらから出ているのにすっかり忘れて地球上で輪廻しているものがあなたのI/Thereのなかにもいる」

◎忘れられたセクシーな生き方

▼2007年3月6日

枯れた木々が生えた下に黄色の花が咲き乱れ、緑の草の生えたところを横方向へ進んでいく。だいぶ行くと小さな家が見えてきた。木をそのまま使いごろごろした石を積んで造った家だ。

その入り口あたり。泥のなかに足だけ見える。それが動いている。そのとなりにもいる。右手に動いてなかへ入る。その順にずっと横方向に人が並んでいる。ただ、手と足しか見えない。泥とわらのなかに埋もれている。手と足がぴくぴく動いている。何かなまめかしい。

「よくわからないが……」

「そのうちわかります。きっと感心しますから」

この連中が起き上がり、皆でむしろを掲げたまま、こちらのほうへ向かってくる。4、5人に囲まれ、そのままむしろで包まれた。そして左手のほうへ引きずられていく。斜面を登っていく。頂上あたりに着いた。皆で立ち上がって向こうに一列になって踊りはじめた。太鼓でもあるかのようなリズムで動く。私も足と腰がぴくぴく動く。これはいったい、何なのだろうか。

「これがここではとてもセクシーなのだ。皆でこの踊りを踊って、性的にハイになったんだ」

「で、どうしたの？　だれかとセックスでもしたのか？」

「そうではない。このままどんどんハイになっていくんだ。今では忘れられてしまったけれど、そういう生き方もあったんだ」

◎宇宙ステーション・アルファ・スクエアードでのETとの遭遇

▼2019年10月14日

フォーカス42で、宇宙ステーション・アルファ・スクエアード（SSAS）内を探索。宇宙人がたくさんいるところへ行きたいという。

広いロビーにテーブルがあり、そのまわりに大勢がソファーに座っている。皆、ETのようだ。彼らはF42の存在だから相当意識レベルの高い連中だ。

ここで何をしてるのだろうか。

場面が切り替わり、缶ジュースの自動販売機のようなものの前に太った存在がいる。両目の部分がゴーグルでもかけているのか、飛びでている。その存在と会話。

「ここに来るといろいろな情報が手に入るんだ。たとえば地球という面白い生命系のこととか。今度ぜひ行って試してみたいね」

▼同日の別のセッション

フォーカス42のSSAS内でETと会うことにする。右が壁、左が窓で外の宇宙が見える。通路を前へ移動していく。

イスに座った生命体が何人もぱらぱらといる。そのなかのひとりと話すことにする。

移動が止まり、その生命体の前へ。ハンプティダンプティのような形（巨大な卵型）だ。ガイドが私を紹介してくれたような印象。

「あなたは地球から来たんだね。地球は非常にユニークなところで、多くの人の興味を引いているね。大きな成長が得られるからだ」

「あなたはどういう生命体なんですか？」

「多くのことを体験してきたので、大きな体をしているんだ」

「ＩＴクラスターですか？」

「ではない。その一部だ。だが、かなりたくさんの経験をしている。あなたもかなり大きくなってきた。自分の体験を思いだし、取り戻すことで大きくなるんだ」

「地球以外に面白いところは、どんなところがありますか？」

「いろいろな形の生命がいろいろな生命系にいるが、形の違いであって、大きな差はない。あなたが経験したことがないような、まったく違う経験ができるようなところはあるが、銀河系内では限界がある。もっと違う体験となると、別次元や別宇宙へ行く必要がある」

その後、宇宙空間にいる。真っ暗ななかに、小さな星が無数に見える。素晴らしい光景だ。

第8章 ダークサイドの異星人との遭遇

知覚が広がって多くの過去世を思いだし、さらにI/Thereクラスターのメンバーを思いだしていく過程で避けて通れないのは、そういうなかに必ずいる、いわゆるダークサイドの異星人（ET）との遭遇である。

◎ダークサイドの存在

詳しくは拙著『坂本政道　はるかなる意識の旅　ダークサイドとの遭遇』（ハート出版）をお読みいただくことにして、ここでは簡単にお話ししておきたい。

２００７年11月、X27において、筆者はフォーカス34／35のとある宇宙船内で、高貴な印象のETに会った。彼は黒いビロードのガウンをまとい、筆者とモンローは彼の子供だといった。そして、彼自身のことを銀河系全体を統括する存在だとした。さらに、「あなたのエネルギー・チャンネルを太くし、流れを良くするプロセスがすぐに始まる。エネルギー体にかなりの変化をもたらす。あなたに情報を伝達するのに必要なことだ」ともいった。

同年12月23日にこのETに再会した。するとふたつのチップが飛んできて、それぞれハートと頭に入った。チャンネルをクリアにし、情報伝達をやりやすくするためとのこと。

その2か月後の2008年2月23日の朝、起きようとすると、天地が逆転するくらいのひどいめまいに襲われ、2日間起きあがれなかった。医者に薬をもらい治まった。

さらに数日後の早朝、ふたりのETが筆者の枕元にやってきて、周波数を高めるためだというエネルギーワークを行った。その後、しばらくめまいが続いた。

2009年1月23日、クラスター・カウンシルのメンバーとつながり、交信。このETについて尋ねた。すると、こんな言葉が返ってきた。

「ちょっといいづらいことだが、真実をいう必要がある、あの存在はオリオン・グループのトップだ。ダークサイドのトップといってもいいだろう。名前はラッシェルモア。直属の部下が宇宙船内に1万人。地球上で彼の下で動いている人が10万人ほどいる。彼らはほとんど無意識下に彼の意思どおりに動かされている。

あのチップや枕元にやってきたETのワークの影響を取り除くために、あなたにはダジャレのネタをどんどん送っていた。ダジャレがハートを開き、こういう影響を除去してくれるのだ」

ということで、これ以降はラッシェルモアとは会わないよう、アファメーションで「ポジティブな影響のみ受けます」というようにした。さらに自分が光り輝いているイメージを持つようにした。

ところが、ことはここで終わらなかった。

◎屋久島で

２００９年10月に、アメーバブックス新社の企画で屋久島を訪れることになった。屋久島はパワースポットとして有名なので、そこでヘミシンクを聴けば面白いのではないかという、軽いノリの企画だった。ただ、すべてがとんとん拍子で決まったので、何となく呼ばれているという感覚もあった。

２００９年10月３日、屋久島を訪れると島の周囲を海岸沿いに車で走り、適当な浜辺でヘミシンクを聴く。

いなか浜は広い駐車場があるのでそこに停めて、１回目のセッションを行うことになった。

レゾナント・チューニング（声を出すワーク）を終えたあたりから、男性存在と交信が始まった。そして、この男性から予想だにしない情報がもたらされた。

彼らはリラ（こと座）やオリオンでの戦いでの戦傷を癒《いや》すために、プレアデス経由で地球へ逃れ、屋久島で結界を張って隠れているという。

女性存在がいう。

「私たちの真のエネルギー、波動は軽やかで、心地よいものです。結界などいらなくていい世の中になっていくことを望みます」

彼らは王と王妃という印象だった。足下までの流れるような衣装を着た姿のイメージとともに、霞《かすみ》のなかの高い険しい山というイメージや、軽やかな風のような流れという印象も伴う。今、天と地のエネルギーが増大していて、ここから離れていくことを可能にしてくれているとのことだった。

次の日、再度彼らとつながり、彼らの起源と屋久島に来るまでの経緯を聞いた。情報は塊《かたまり》として送られてきた。それを後でひも解いた。すると、あの王という印象の男性が語りだした。そこにはあの軽やかで霞のような彼の感覚と、深い悲しみ、喪失感が伴っていた。

◎男王の語り

「遠い昔、われわれはある種族、集団の王族であった。王族という言葉からは支配階級を思わせるが、実は選ばれた者たちであって、支配階級ではない。どちらかというと、大統領という言葉がより近いかもしれない。

王と王妃には5人の息子とふたりの娘がいた。ここで、断っておきたいが、具体的な数はあくまでも比喩《ひゆ》であって、実際にその数であったわけではない。彼らはわれわれの国土を分割して治めていた。治めるといったが、米国大統領が米国を治めているのと同じような意味である。

また、われわれが物質世界で具現化した際には、第4密度の領域で主に具現化していた。ただ、ここでは皆さんにわかるように第3密度での話に翻訳してある。

さて、5人の息子たちに与えられた領地を仮にA国、B国……E国と呼ぼう。これらの5つの国には、いろいろな意味で違いがあった。できるだけ平等に分けてはいるが、人口や面積、その他の点で決して同じではない。だが、そういうふうにしてわれわれは長い間、平和裏に暮らしていた。

ちなみにわれわれの寿命は数千年である。

あるとき、別の星系からわれわれとは微妙に異なる生命体たちが移住してきた。彼らは、遺伝子的にわれわれと遠い過去でつながっているために、われわれと類似点も多く、いわゆる人間型の生命体であった。

ただ、彼らにはわれわれと決定的に異なる点があった。それは思考パターンである。われわれはポジティブな思考をするのに対し、彼らはネガティブな思考をする。この生命体たちを仮にX族と呼ぶことにする。そのことにわれわれはまったく気がつかなかった、というのは、われわれの知るなかには、これまでそういう人たちがいなかったからだ。

われわれは彼らX族を快く受け入れ、土地の半分を分け与えた。当初はそれで何の問題もなく時間がすぎていった。

ところが人口が増えてくるに従い、たとえばA国に入植したX族グループが不平不満を持つようになった。彼らとの交流から、わが民の多くがネガティブな思考をするようになってきていた。そういうなかで、この問題が徐々に大きくなってきたのだ。

本来のわれわれであれば、問題にもならない。たとえ問題になったとしても、共通の利益になる策を考えだして、解決していた。

ところが、ネガティブ側の考えに毒された多くのわが民は、X族の意見に賛同して不満を持つ者たちと、逆にX族排斥《はいせき》に動きだす者たちに分かれていった。本来の融和を唱える者はごく少数になっていった。

同様のことがB国やC国など、他の地域でも並行して起こっていた。

そしてついに、隣国間の国境線をめぐり、あちこちでいさかいが生じるようになった。こういう動きと並行して、国内の治安が徐々に悪化する過程で、治安維持を目的として、これまでにまったく必要とされていなかった警察機構が組織された。警察は自衛のために武装するようになった。

A国内ではX族とX族排斥者の間のいさかいがますます大きくなり、ついには局所的な戦闘が起こってしまう。さらに、この機をとらえ、隣国のB国内のX族がA国にあわや侵略する事態にまで発展した。この侵略はA国の警察によって、かろうじて防ぐことができた。

この非常事態に、A国内のX族の長《おさ》は緊急国会を召集し、非常時を乗り切る一時策として自らをA国のリーダーにする動議を提出し、全会一致で認可された。彼は最初の処置として、警察を国防軍として隣国との戦闘に備えさせた。

また、A国の元々の王であったわが長男とその家族は、あわや逮捕という寸前に国を離れ、われらが住む地へ逃れてきた。

C国でも事態は類似の過程を経ていた。ただし、ここではわが息子がネガティブ側に落ち、自ら独裁者になって、反対する勢力を国内から一掃した。

同様のことがE国でも起こった。こうしてわが息子の何名かはネガティブ側に走り、何名かは国外に逃亡、何名かは命を落とした。

その後、各国は互いに争うようになり、次第にそのなかの一国が勢力を強め、全体を統一した。そして、その統治者は、皇帝を名乗るようになった。これこそ、わが息子のひとりである。

あなたが会ったダークサイドの存在、ラッシェルモアが彼だ。

彼を救いだしてはくれぬか。無理にとはいわぬ。彼は非常にパワフルなのはわかる。だが、彼を残していくこと、それがわれらの唯一の悔み、心残りじゃ……」

しばらく沈黙が続く。

「ここまで、ひとつの星の上での出来事のように話してきたが、実はそうではない。いくつもの星を巻きこんだ、大きな戦いだった」

こう語る声には、深い悲しみが込められていた。

◎ラッシェルモアとの対峙

なぜ筆者がラッシェルモアを、ダークサイドから救出しなければならないのか、なぜそれが筆者なのか、という疑問を抱いて屋久島から帰宅した。

そのひと月後の2009年11月、「スターラインズ」と「スターラインズⅡ」を2週連続で開催した。そのなかで、ラッシェルモアといよいよ対峙することになった。

▼2009年11月9日

フォーカス42のセッションで、プレアデス星団を訪れる。そこでまったく予期しないことが起こった。

　私は、モンローと古い友人に再会した。以前プレアデス星団に行ったとき、われわれふたりはプレアデス星団から地球に行ったと教えてくれた渦《うず》状の存在だ。この存在にわれわれふたりがプレアデスへ来た経緯について尋ねた。

「かなり前のことです。あなた方は、私も含め、大きな存在の一部としてここへ逃げてきました」

「どこから？」

「オリオン大戦からです。私たちの親たちはその戦いに疲れて、住み慣れた故郷を捨てて逃げてきたのです。親と、親の親たちです。彼らはみな高い意識レベルの存在たちです。

　そして、一部をわれわれとして、ここプレアデスの片田舎に隠したのです。何も知らない渦たちとして。もちろん、われわれを見守る存在たちが、こっそりと見張っていてくれたのですが」

「ラッシェルモアは？」

「あなたは信じたくないかもしれませんが、あなたとモンローの父親です。彼はダークサイドに落ちた存在です。オリオンのある星で皇帝になりました」

「さっき親と親の親とおっしゃいましたが？」

「親とは母親のことです。ここへ逃げてきました」

「ラッシェルモアは知らないのですか？」

「知りません。『スター・ウォーズ』のダース・ベイダ―と同じで、自分に子供がいたことは知りませんでした」

「私が彼を救わなければならない、といわれましたが、本当なんですか？」

「あなた次第ですが、あなたはそうすることになると思います。あなたのためにもそれは必要なのです」

「どういう意味ですか？」

「あなたのハートに入ったチップです。それを完全に解放するには、ラッシェルモアの力が必要なのです。彼がダークサイドからポジティブ側に行き、それを解放することに同意しないと、それは完全には解放されないのです」

「でも、彼のところに行くのは危険じゃないんですか？」

「大丈夫です。あなたはあなたが考えている以上にパワフルです。彼の力は及びません。あなたにはジョークの力があるからです。これまでのトレーニングの成果です」

「トレーニング？」

「そうです。ここ何年かかけて、あなたのジョークパワーを鍛《きた》えてきました」

「そうだったんですか。このためにジョークばっかりいっていたんですか？」

「やっと気がつきましたか。ダジャレは世界を救うのです」

「まったく、ほんとにジョークみたいな話になってきましたね」

「でもこれは真実で、大切なことなのです。あなたにとっても、ラッシェルモアにとっても、屋久島の存在たちにとっても、プレアデス系の生命体たち全員にとっても」


何だか、またすごいことになってしまった。

▼2009年11月14日（土）

最初のセッションはフォーカス34／35だ。自分として、やっとラッシェルモアと対峙する覚悟ができた。


F34／35の暗い空間に来た。

ラッシェルモアの宇宙船へ向かうことにする。

漆黒《しっこく》の空間を進んでいく。小さな星が無数に見える。

一抹《いちまつ》の不安がないわけではなかった。

↑筆者の前に現れたラッシェルモア。

やがて、暗いなかに白い宇宙船が見えてきた。中央部が高くなっていて、その縁に沿って窓がいくつも並んでいるのが見える。ラッシェルモアの宇宙船だ。

内部へ入っていく。

先へ続く通路が見える。そこを進んでいく。大きな部屋へ来た。左側が宇宙船の周辺側なのか丸くなっていて四角い窓が並んでいる。

部屋の中央の一段高くなったところに、フードのついた黒っぽいマントを着た存在が立っていた。

顔ははっきりとは見えない。

「ここへ来ることは予想していた。よく来られた」

ラッシェルモアはそういうと、向こうへと歩いていった。

彼の後ろ姿には、高貴な雰囲気と威厳が感じられた。これは彼の存在そのものから発せられるエネルギーなのだろう。ただ、そこには隠しようのないダークさがあった。怪しく黒く光るベルベットのマントが彼の雰囲気をよく表していた。

彼に従い、窓際の通路を右手方向へ進む。自分は確かにこの人の息子だという感覚がある。不思議だが、何かしらのつながりを感じるのだ。

彼は私を自分の子供だと特別視しているので、愛情とはいわないまでも、私に対して何かしらの特別な感情を抱いているのが感じられた。

やがて丸い部屋に出た。ここは先ほどの部屋よりは狭い。

部屋の反対側には大きな窓があるのか、暗い宇宙が一望できる。

「われわれはすぐれた技術を持っているので、ここから全宇宙が一望できるのだ」

ラッシェルモアは窓（ディスプレー）を指しながら自慢げにそういった。

私のほうに向き直ると、さらに続けた。

「おまえと力を合わせて、全宇宙を統一していこうではないか。まず手はじめに地球からだ。地球を支配しよう。そして太陽系、銀河系のこの部分、さらに銀河系全体を支配するのだ」

彼は自分の言葉に酔いしれているようだった。

私は映画『スター・ウォーズ』のあるシーンを思いだしていた。それは暗黒卿であるダース・ベイダーが息子であるルーク・スカイウォーカーに、銀河を親子で支配しようと迫る場面だ。まったくそれと同じ展開になったので、内心、苦笑いせざるをえなかった。

私は、ラッシェルモアには申し訳ないが、地球はおろか何かの組織を支配することにもまったく関心がないのだ。関心がないどころか、毛嫌いしている。

ラッシェルモアは私のことを知らなすぎると思う。もっとそういうことに興味を持つような人を選ぶべきだったのだ。

ラッシェルモアは私の反応を伺っているようだ。答えないことにした。しばらく沈黙が続く。

「おまえは何かを持ってきたのか。ここへ来たのは何かわけがあるらしいな」

ラッシェルモアも私に対して、何かを感じはじめている様子だ。それが何なのか、必死で探ろうとしている。

私はここに、ラッシェルモアを救出するために来た。それに感づいたのだろうか。それではまずいことになる。少し焦りが出てきた。

「私はおまえには何か特別な思いを持つのだ。何か長い間忘れていた感覚だ。お前に前に会ってからずっとその感覚を思いだしていたのだ」

彼は向こうを向くと、ゆっくりと歩きだした。

何かの感覚を必死に思いだそうとしているようだ。遥か遠い過去のどこかで感じていた何かを。

その何かは徐々に大きくなってきているらしい。

「これは……愛だ。長い間ずっと忘れていたが、これは愛だ」

ラッシェルモアは、かみしめるようにいった。

彼のなかで長らく忘れ去られていた愛が輝きを取り戻しはじめたのだ。

愛の光は忘却《ぼうきゃく》の彼方の、そのまた彼方の、暗やみのなかに埋没していたが、ひっそりとかすかに生きつづけていたらしい。

何重ものベールに被われて、その光は漏れでることはなかったが、それでも消え去られてはいなかった。

ラッシェルモアはこちらを向くといった。

「おまえのことを思うと、この感覚が思いだされてきた。この愛。今、それがどんどん大きくなってくる」

それは彼のなかで光りはじめ、輝きだした。

「そうだ、思いだしたぞ。私は純粋な光の一族だったのだ」

オリオンの初期のころのことを思いだしたのだろう。彼らは「純粋な光の一族」と呼ばれていた。

それはまだネガティブなグループとの接触が起こる前のことだ。

見ていると、黒い服が落ちはじめた。1枚落ち、2枚落ちと、次々と服が脱げていく。

「そうだ、私は王子だったのだ。光の一族の王子だったのだ」

妻や両親、兄弟たちのことを明らかに思いだしたようだ。屋久島で出会った高貴な存在たちが彼の両親だった。

さらに服が落ちていく。それにつれて、服の色が黒から次第に薄くなり、最後に水色のなめらかな服になった。前に比べて少し細身になったようだ。

全身から軽やかなエネルギーが発せられているのが感じられる。それはちょうどディアナと同じ感覚だ。

「私は純粋な光の一族だったのだ。純粋な光の一族！」

彼は両手を天に突き上げると、大きく喜びを表した。全身から透明な光が放たれはじめた。

「この喜び、長い間、すっかり忘れていた感覚だ」

彼はうれしそうに手を上げて踊りはじめた。

すると、彼からまわりに光が広がっていき、見る見る間に宇宙船を覆っていた黒い闇が晴れていった。さらには光の輪が周りの空間にショックウェーブ（衝撃波）を作り、高速で広がっていく。

「そうだ、おまえには悪いことをした。あのチップを取りだそう。破壊する」

ふたつのチップが筆者の体から離れると、窓のほうへ飛んでいき、床に落ちた。

「これであなたは自由だ。私は何とバカなことをしてきたのだろうか。皆に謝らねばならない。何とバカなことをしていたのだ。

あなたはもう自由の身だ。ありがとう。あなたにはやるべきことがあるだろう。好きにするがいい」

筆者はその場を静かに立ち去り、透明になった宇宙船を離れていった。

宇宙船は次第に小さくなっていった。

何か、まわりで「おめでとう、よくやった」といってるような印象がある。

「思ったよりも、簡単だったでしょう？　後は私たちに任せてください」

そういう声が聞こえる。


忘れないように、ここで明かりをつけ、記録をとることにした。何だか肩の荷が下りたような気がする。ほっとした。いわれていたように意外とすんなりとことが運んだ。ラッシェルモアの救出が無事終了し、本当によかった。

第9章

銀河系外のさまざまな銀河の探索

◎フォーカス49の体験

フォーカス49では、I/Thereスーパークラスターのメンバーに会ったり、意識のなかに入ってそのメンバーのしていることを自分のことのように体験したりできる。

I/Thereスーパークラスターのメンバーは地球上や太陽系、銀河系内の他の星系、さらには銀河系外の銀河にも多数いる。「スターラインズ」等では、銀河系外の銀河を訪れて生命系を探索し、そこにいるメンバーに会ったりする。

◎アンドロメダ銀河内にある地球そっくりの惑星

アンドロメダ銀河はわれわれの銀河系から250万光年の距離にあり、直径は22万光年で直径10万光年の銀河系よりも大きい。

アンドロメダ銀河へはフォーカス49を経由して行く。ガイドによれば、アンドロメダ銀河には3か所ほど、アヌンナキが植民した大規模な領域があり、銀河系内のオリオン近傍に相当し、ほぼ同じようなことが起こっているとのこと。

ここには地球によく似た惑星があり、そこに筆者のI/ThereかI/Thereクラスターのメンバーの男性がいる。

ここへは毎回、同じ感じで行く。

まずフォーカス49から急降下し、そのまま前方へ進んでいく。すると、アンドロメダ銀河の渦状構造が見えてくる。そのなかへ入ると斜めになり、さらに下へと向かっていく。フォーカス42、フォーカス34／35へと降りていく。そして、ある星系へ入っていく。その第3惑星へ。さらになかへ入り、地上へ降りる。

2005年以降、これまでに10回ほどその男性を訪れたことがある。行くたびに年齢が上がっていくのが興味深い。

2005年に行ったときは、ティーンエイジャーで甘えん坊だったのが、2010年には20歳くらいの学生。2017年には35歳くらいで結婚していて、エンジニア、子供がふたり（男の子と女の子）。幸せな生活を送っていた。

2020年には40歳になり、子供が小学校に通っていた。その運動会の様子を見た。運動会といっても、日本の運動会とはずいぶん違う。緑豊かな芝生にぱらぱらと人が見える。

「アメリカのカンパニーピクニックみたいな感じです。あなたは他の家族と楽しんでいます。生活は豊かです。

ここは日本というよりはアメリカに近いかもしれません。国として経済的に豊かで成功しています。この星は自然環境の悪化もありません。豊かに暮らしています」

そうガイドが説明してくれた。

またガイドによると、2021年には次のようになっていたそうだ。

「彼は40代になっています。立派な家に住んでいます。エンジニアとしてまあまあうまくやっています、会社の課長クラスです。ここはアメリカのカリフォルニアのような住環境、気候です。この国は経済的に安定していて、戦争もなく、平和に推移しています。まだアセンションには至っていません。地球の少し前と同じ状態です。地球よりも満足度が高いです」

モンローの1冊目の『ロバート・モンロー「体外への旅」』（ハート出版）には。「ローカルIII」と彼が呼んだ惑星が出てくる。そこはこの宇宙のどこかにある地球によく似た惑星で、モンローの分身のようなしがないエンジニアがいるとのこと。

この惑星はもしかすると、筆者が訪れたアンドロメダ銀河の、地球とそっくりの惑星かもしれない。

◎人魚

▼2021年10月5日

フォーカス49へ。途中、F42あたりだったか、Xさんが目の前にいるのが見える。F49では見なかったが、いざどこか遠くの銀河へ探索に出ようとするとついてきた。他にもうひとりいる。

「今回は人数が多いので、少し大型の宇宙船で行くことにする」

そうガイドがいう。普段よりも大きめの宇宙船が見える。それで移動開始。宇宙空間を移動していく。何か宇宙船のようなものがところどころで見える。だいぶ行く。

「この銀河には前に、Xさんといたことがあります。なかへ入ります」

海の浅瀬が見える。明るい青緑色の水と植物。

「ここでは人間型ですが、人類とはかなり違った形態です」

水中で生活しているようだ。人魚のような形。つまり下半身は魚、上半身は人間。

夜の海が美しい。星が見えていて、皆が「あれは何だろう?」と思っていた。ここの人たちはテレパシーでつながっている。言葉も話す。

気がつくと木製のボウルを渡された。いくつかメロンのような果物の切り身が入っていて、フォークで刺して食べる。味はしない。はっとわれに帰る。主に海産物を食べるが、海岸に生えた木の実も食べる。

皆、幸せだ。青い海岸に建物とプールがあるような景色。人々は尾びれを使って陸上も移動している。少し時間を先へ行く。前よりも技術的に進んでいて、移動のための手段もあるようだ。技術が進歩したぶん、我《が》が出てきて、貧富の差が出たのか、以前ほど幸せではなさそう。

「そろそろ帰ります」

と、ガイド。けっこう向こうの体に入った感じがある。特に下半身。人魚のような感じ。無理やり出る。

◎白血球のような生命体

次に紹介するのは、他の銀河にいるI/Thereクラスターのメンバーの話である。I/Thereクラスターなので他の銀河なのに、フォーカス42で体験している。

▼2010年1月15日

「それでは、この銀河系ではないところにいるI/Thereクラスターのメンバーを体験してみましょう」

「アンドロメダ銀河ですか?」

「いいえ、別の銀河です」

「どこだろうか」

りょうけん座のM101という言葉がひらめくが、定かではない。

「これから移動します。前方に意識を集中してください」

真っ暗ななかに、何となくトンネルのようなものがうっすらと見えてきた。

「このなかを進みます。瞬間移動してもいいのですが、あなたがこの体験に徐々に入っていくことができるように、このプロセスをとります。ご存じのようにクラスターメンバーは、I/Thereクラスターの本体と意識の糸でつながっています。そのなかを通っていきます」

徐々に前進していく。

「銀河に到着しました」

特に何かがはっきり見えるわけではないが、何かのパターンは見える。進行方向が少し変わった。

さらに進む。

「星のシステム内へ入ります」

進行方向が変わり、一挙に下の方へ向かっていく。

この星の名前はシグマXだとひらめいた。

「この第3惑星に近づきます。何か見えますか?」

白い表面に筋状のパターンが、縦横に走っているのが見える。

「木星の衛星のエウロパみたいですね」

「そうです。まったく同じです。表面は氷で覆われていますが、その下に水があります。水温はちょうど地球の海水と同じで、多様な生命が繁殖しています。それではそのなかの生命体の意識に入ります」

何か見えるが、形をなしていない。

「この生物は大きな生き物のなかに住んでいます。共生と呼んでいいでしょうか。血液のなかに住んでいます。血液中から栄養は自然に取れますので、そのためにあくせくすることはありません」

「細胞のようなものですか」

「そうですね」

「共生している大きな生き物はどういうものですか」

「大型のタコのような生物です。10メートル以上あります。その血液のなかに住んで、外界から入ってくる外敵からこの生物を守る役割を担っています」

「白血球のような細胞ですね」

「役割は似ていますが、構造はまったく異なります。この小さな生き物たちは、この役割を担うことが喜びなのです。自分たちにとっての母体である、大きな生物に貢献できていることが喜びなのです。彼らにとってみれば、この大きな生き物は人類にとっての地球のような存在です。大きさやそれが何なのか、把握できているわけではありません。でもその恩恵を受けていることはよくわかっています。だから、その恩恵に報《むく》いることは、とてもうれしいのです。これは人類が忘れてしまったことです」

「そうですね。何かとても大切なことを忘れてしまったような気がします」

「それを思いだすためにも、彼らのことを知ることは意義があります。彼らの意識は互いにつながっていて、一緒に行動します。外敵が入ってくると、そこに皆、集まっていき、それをやっつけます。その際、死んでしまうものもいます。でも死んでも、まだ意識はつながっていて、すぐに生まれ変わってきます。宿主である大きな生き物が死ねば、全員死ぬわけですが、また、別の宿主のなかに生まれます。彼らは集団として生きています。一緒にこの大きな生物、彼らの母なる存在の恩恵に報いることが喜びです。彼らはあなたのI/Thereクラスターのメンバーです。

ご存じのようにM87星雲からあちこちの銀河へ探索へ出たわけですが、ここへも来ているのです。M87星雲にはさまざまな環境で生きるためのあらゆる生物の基本形があります。地球のような環境で生きるための生物から、硫化水素中で生きるもの、前にあなたも体験していますが、溶岩そのものとして生きる生命体とか、あるいは電子自体も生命です。彼らは集団として行動したり、個として現れたりします。量子力学で少しわかりかけてきていますが、個と集団の関係について、これまでの考え方を改める必要がありますね」

◎古代マヤ人？

▼2021年5月24日

フォーカス49に着く。
I Tクラスターズのなかの存在で、これまでに体験したことのないものを体験してみたいと思う。

「いいでしょう。遠い星へ行きます。おとめ座銀河団のなかの銀河の星です。急ぎます。瞬間移動します」

緑と黒っぽい茶色が見える。木々の葉。濡れている。熱帯雨林のような感じのところ。

「意識をもう少し緩《ゆる》めたほうがいいですよ」

ちょっと緩める。女性が見える。肌が茶色。薄い緑の半袖の服。貫頭衣《かんとうい》のような服なのか。ウエストで絞ってある。1〜2歳くらいの子供と一緒にいる。

こう認識すると、画像がフリーズした。

しばらくすると、大勢似たような人がいる。20名ほど。南米のインディオのような見た目か。

「グループで瞑想《めいそう》していて、呼んだら、あなたが来た」

そういわれる。このなかのだれかがチャネラーで、その人に伝えているのか。

ここはどこだろうか。それほど物質文明は進んでいないようだ。

自分のことを説明する必要を感じる。どうもこのチャネラーに情報を伝えるようだ。

「私は遥か彼方の銀河から来ました。太陽という星の地球という惑星から来ました。私たちは物質文明で、科学技術がかなり進んでいます。ただ、他の星には行けていません。ヘミシンクという技術で意識だけやってきました」

彼らから離れて空へ上がる。森が広がっている。ここだけ50メートルほど木がなく、土が見える。そこに数十名の人がいる。さらに上空へ。海はあるのだろうか？

「海は気候を安定させるために必要です。この惑星は地球よりも海が広いです。太陽と似たような星のハビタブルゾーン（地球と似た生命が生存できる領域）にあります」

この惑星を離れて宇宙空間を戻る。なぜか輪のようなもの（キーホルダーについている、カチャッとひっかけることができるもの）を何かに固定した。移動していくと同様の輪がいくつも並んでいく。紐のようなものを伝って移動しているのか、紐にこの輪がずらっと並んでいく。そのうち紐も輪も終わった。すると、おかっぱ髪の幽霊のような人がこちらへ追いかけてくる。両手を前に出し、薄い色の服を着ている。肌は茶色で眉《まゆ》が濃く、インディオのような顔をしている。髪をヘッドバンドで押さえているような感じ。

ちょっと怖かったが、これはさっきの集団のシャーマンらしい。ついてきたとのこと。

「あなたの世界を見てみたい。行く先はわかるので、お先に行くね」

そういって先に行ってしまった。どうも私たちが来た道を示す線がはっきりとあるようだ。

彼らの先祖は地球から来たのか、あるいは何らかの関連があるらしい。

古代マヤ人なのか？　彼らはアセンションして集団で地球を去ったといわれている。

◎稲妻に乗る生命体

▼2012年11月13日

フォーカス49へ。何をしようかと思っていると、ガイドが話しかけてきた。

「これまで行ったことがないところへ行ってみませんか」

「はい、そうしましょう」

「アンドロメダ銀河にある生命系へ行きましょう。ワームホールを通っていきます」

トンネル状のものが現れて、そのなかを行く。下のほうへトンネルは急降下していく。前にどこかの星へ……確かアンドロメダ銀河の地球そっくりな惑星に……行ったときもそうだったことを思いだした。トンネルの内面は泡のようなものでできていて、モコモコしている。少し行くと、

「はい、そろそろ着きます。着きました」

ただ、同じようなトンネル内のパターンが見えているだけだ。

「あんまり変わらないのですが……ここは彼らのI/Thereクラスター内です」

つまりこれが、F49レベルでの映像なのだ。

「もっと個別の意識のレベルへ降りていきたいです」

「非物質がいいですか、物質がいいですか？」

物質のほうがわかりやすいので、物質にしてもらう。

何やら青黒い世界に来た。白い曲線が何本も見える。稲妻が走る。また走った。

「ここでは集合意識が一瞬の稲妻で個別の肉体を体験しています」

確かに稲妻は物質界の存在には違いない。

「ここは金星のようなガスで覆われた世界ですが、もっと低温です。気体と液体が入り交じって大気を作っています。そのなかの上昇運動が摩擦《まさつ》を生みだし、静電気を発生させ、稲妻を生むのです。集合意識レベルが個体化を学ぶ際に、ここを利用する場合と、その逆に個体レベルから集合意識を学ぶ際に通る場合とがあります」

ここを離れることにする。上昇していく。ふと見ると、目の前を大きな長い生命体が一緒に飛んでいく。龍だ。

「あ、あなたがガイドだったんですね」

「そうですよ。今回までにも、何回かガイドをしています」

「日本語で話しているときは、あなただったんですね」

◎銀河系との会話

銀河系は生命体である。筆者が交信すると、銀河系はいつも女性の声で答えてくる。それに対してアンドロメダ銀河は男性だ。このふたつの銀河は互いに重力で引き合い、数十億年後には合体して多数の子銀河が産みだされる。まるで生物の男女のように。

▼2009年11月11日

フォーカス49。銀河系コアに近づく。渦《うず》が見えてきた。交信開始。銀河系が話しはじめた。

「あなたには以前、お会いしましたね。ずいぶんと大きくなられましたね。よくここまで来られました。常に成長する努力をなされていて、すばらしいことです。このまま努力を続ければ、さっとすばらしい銀河大使になられるでしょう。これからの活躍に期待しています。

今回、多くの日本人の方をお連れ下さり、ありがとうございました。あなたはあなたが考えていらっしゃるよりもはるかに多くの貢献をなされているのですよ。自信をお持ちください。いつもいつも愛されているのですよ。心配なさることはありません。私も含め、多くの精霊たちがあなたを愛し、慈しみ、心を寄せて、サポートしてくれています。このままその道をお進みください。何にも心配はないのですよ」

「あなたはアンドロメダ銀河と愛し合っているのですか」

「そうです。深い愛に包まれています。お互いに尊敬し愛し合っています」

「どうもありがとうございました」

◎三角関係

銀河系とアンドロメダ銀河、三角座のM33星雲など、近隣600万光年の範囲にある50個程度の銀河は、局部銀河群を形作っている。これら3つ以外は皆、小さな銀河である。

▼2007年3月7日

フォーカス49に着いた。今回は何をするか迷ったが、今までに行ったことがないところへ、行きたいなとぼんやり考えている。まず、アンドロメダ銀河を見せてもらう。渦が見える。ついで銀河系、やはり渦。そのまわりにいくつか小さな銀河が見えてきた。

「こんにちは」

会話を始める。

「ここのグループは比較的安定しているんだ」

そう小さな銀河がいってるのだろうか。

「カップルはアンドロメダ銀河と銀河系のふたりしかいないので。他のところは、いくつもいるから三角関係やら大変だよ。ま、確かにここには三角座のM33星雲もいて、三角関係になりそうかもだけど。わはははは」

銀河もジョークをいうとは驚いた。すると突然、左方向へ猛烈なスピードで移動しはじめる。この局部銀河群の銀河たちの映像が、あっという間に右手に小さくなっていく。

「え、どこへ行くんだろう？」

「何か今までに見たことがないところへ行きたいというから」

どんどん左手へ移動し、しばらく行くと真っ暗な空間で止まった。そこには鳥のように羽ばたいているものがいる。形がしっかりあるのだが、羽のようなものが激しく動く。これは何なのか。

突然女性の声がする。ちょっと低めの声だ。

「ここにはたくさん面白いものがあるのよ。それが見えないの？」

目を凝《こ》らすが何も見えない。どうもここで楽しんでいるらしい。何か西部劇に出てくる安キャバレーの女みたいな印象がある。ここを後にして、右手へ移動。

しばらく行くと、花のような物体のところへ来た。細い数百本の白い線が中央の緑の点から放射状に出ている。茎《くき》に当たる部分が花の数倍ある。いったい何なのだろうか。その物体が話しだした。

「ここにやってきたものを食べるんだ。ま、食虫植物とでもいったらいいだろうね。消化したものを糞として出すんだ」

下の部分が膨《ふく》らんでいて、丸い緑のものが数百個つまっている。見ていると、それが後ろから外の空間へ放出された。あっという間に広がっていく。

「これを食べに来るのがたくさんいるんだよ。だからまわりに貢献しているってわけさ」

食べられないうちにこの場を離れよう。移動。

◎フォーカス49にある金貨の山

驚くべきことにフォーカス49には、金貨が山のように積み重なっているところがある。そこにつながれば、いくらでも金が儲かるとのこと。

▼2016年11月15日（火）

↑食虫植物。

フォーカス49に着いた。ちょっと行くと、金貨が無数に重なり合っている場へ来た。まわりは暗い宇宙空間。

「ここには無尽蔵の金貨があります。ここから持って帰ると、物質世界で同じだけを具現化できます」

「それじゃあ、100億円分を身につけます」

「ここにつながれば、物質世界でいくらでも富を生みだすことができます。ここには無限にあります。いくらでも金が儲かります。いくらでも儲かるとわかると、お金に対する恐れがなくなりますよね。お金がなければ、お金の怖れを手放すのは難しいですが、ありあまるほど手に入り、いくらでも好きなだけ手に入るとわかれば、恐れは簡単になくなります。そういうやり方で怖れを手放すほうが簡単でしょう。そういうやり方もあるのです」

「そうなんですか。それはいいことを聞きました」

「あなたはここから、いくらでもお金を引きだすことができます。実は、あなたとここを結ぶ管には、水道と同じで蛇口の栓があります。それを開ければいいのですが、みんな締めているのです。それを開けるようにしてください」

「そうですか。ありがとうございました」

その場を離れようとすると、まだ何かいいたげだ。

「これ以外にも幸せや健康、若さ、美貌《びぼう》というものの無尽蔵の蔵もあります。そこにつながれば、いくらでも手に入りますよ」

「そうなんですか。ありがとうございました」

▼2017年11月12日（日）

「例の空間へ行きましょう。あなたがたのすべての夢が叶うところです。金貨が山のようにあるところ。あなたは金貨が好きですよね。そこへ行きましょう」

すぐに金貨が山のようにあるところへ着いた。

「この前いいましたが、あなたは豊かになることに対して制限を持ちすぎています。すべて手放してください。お金はどんどん入ってきていいのです。あなたの持っている制限する信念をあげてみてください」

「お金は働かないと手に入らない。働かないでお金を手に入れることは悪だ。そういうことに罪の意識がある」

「何もしないでもお金や富を手に入れていいのですよ。お金は無限にあります。何もしないでも、どんどんお金が入ってくる仕組みを作ればいいのです」

▼2022年12月20日

これまでいろいろなところへ行ったので、特に行きたいところが思いつかない。自分の覚醒を促すような体験がしたいという。

「フォーカス49の、金貨の山があるところはどうですか？」
「え？　なんだか下卑《げび》た感じがするけど」
「金《きん》は、見ているだけで癒《いや》されるという効果があります。ハートを開く効果もあります。また、至福の気持ちにしてくれます。

金の持つエネルギーは実は高貴なエネルギーで、これを浴びるだけで周波数は高くなるのです。このへんを人間は誤解しています。

金は下卑たもの、という考えは間違っています。性的なエネルギーも同様です。喜び、至福の時間を与えてくれますが、これも解放を手助けし、覚醒へと向かわせるのです。

太陽も金色ですね。

太陽は非常に高貴なエネルギーを放ちますが、金と基本的に同じなのです。金貨のなかにいるとイメージすることで、覚醒への道を進むことができるのです。

特にこのF49の金貨の山には、積極的に来るようにしてください」
「金やセックスは、欲の心が動くような気がしますが」
「欲の心は動かさずに、純粋に喜びと満足感を楽しむようにします。そこがコツです。金のほうが欲は動きにくいのではないでしょうか？」

純粋に喜びと満足感に浸るということか。
難しそう。

◎I/Thereスーパークラスターのスタジアム

I/ThereやI/Thereクラスターがスタジアムの形に見えることがあるが、I/Thereスーパークラスターも、巨大なスタジアムに見えることがある。あるいは、単にロート状やすり鉢状の形で、中心部のグランドの部分がなく、穴が開いている。

その観客席にあたる部分に青黒いボールがぎっしりと詰まっている。そのひとつひとつがI/Thereクラスターなのだ。ボールを敷き占めるときできるパターンには正六角形が現れるので、この同じパターンをハチの巣パターンと見られなくもない。モンローがI/ThereクラスターやI/Thereスーパークラスターがハチの巣状だといったのもうなずける。

本書では触れないが、このパターンはフォーカス49からさらに上のレベルに行っても繰り返される。

第10章

覚醒への道

◎アークトゥルス賢者評議会

人類は今、第3密度から第4密度に上がっていく過程にある。それにはヘミシンクが役立つということを、本書の最初にお話しした。

この章ではまずは一般論としてのヘミシンクを使わない方法について、アークトゥルス賢者評議会というグループから教わった事柄をお伝えいしたい。

▼2022年6月7日（火）

アークトゥルスの生命体がいう。

「今回は、アークトゥルス賢者評議会という名前のグループを紹介します。アークトゥルス全体を代表しているというと語弊《ごへい》があります。というのは、アークトゥルスにはいろいろなグループがあるからで、そのひとつです。モンロー研究所トレーナーのフランシーンも、このグループから情報を得ています。

このグループから、これからあなたに叡智《えいち》をお伝えします。普通の人にも同じように伝えますが、他の人たちには潜在意識に伝えます。あなたには顕在《けんざい》意識にしっかりと伝えます。あなたが今後、この内容を本にするなりして公開すると、それを読んだ人は潜在意識にある情報が顕在化する手助けになります。

これからお伝えする叡智は人類の進化にとって重要な事柄です」

＊叡智

宇宙の源（この言葉に訳すのが適切かどうかはわからない）は完全な知性を持っている。その知性をどれだけ認識し、どれだけ使えるかで、意識の進化の階梯《かいてい》が生まれる。

低い意識レベルから高い意識レベルへの進化は、知覚がどれだけ広がり、どれだけ源の知性を使えるかによる。

これは生命・創造エネルギーをどれだけ使えるか、にも表れる。

生殖と生体維持のみか、あるいは、創造的な活動、愛情表現、知的活動、美の創出・表現（芸術）をどのレベルまで使えるかに表れる。

知覚が広がるに従い、源の叡智が使えるようになる。これまで理解できなかったことが理解できるようになる。科学、技術、芸術表現、精神性（悟り）においてそうである。

新しい次元（空間、時間以外）がわかるようになる。

意識のつながり（IT、ITクラスター、それ以外のつながり、テレパシー）がわかるようになる。シンクロニシティが当たり前になる。時間との関係性が変わる。

これまで魔法としか思えなかったことができるようになる（念力、瞬間移動など）。

第5密度になると、肉体がなくなり、肉体の縛りがなくなる。宇宙の創造エネルギーをより多く使えるようになる。それが進化の度合いのバロメーターだ。

＊進化を促す方法

ヘミシンクはすぐれた方法である。

チャンネルを浄化すること。体内を通してエネルギーを流すこと。

古い詰まり、信念を流し去る。日々のなかでの気づき、実践。

純粋な自分を輝かせる。

「我《が》」を見ていく。「我」をよく理解する。「我」を理解すれば、それとは異なる視点、つまり、純粋な自分に気づく。それは「我」には囚われない、「我」から離れた視点。

日々、愛情を表現する練習をすると、純粋な自分のエネルギーが発露しやすくなる。

進化していくには、死への恐れから自由になることが不可欠。死への恐れがすべての恐れ、不安の根底にある。ここはあなたの専門だ。

魂が永遠だということ、何ものもあなたを壊したり、傷つけたりできないことを知る。あなたは不滅だということを知る。

このためには、本当の自分、純粋な自分を知ることが必要。ここでいう「知る」とは体験的に知ること。

ただ、純粋な自分のまわりにはバリアーがある。そのため、そこに達するのは難しい。バリアーは信念によってできている。地球で身につけた信念。

そこに穴が開く。はげ落ちると、アクセスできる。

気の流れに気づくこと。ここで、気という言葉は、気功などでいわれているよりも遥かに大きな意味がある。物理次元に近い次元のエネルギーの流れ。

すべての生命体のなかを流れている。人間も天頂から下に降りてくる流れとその逆方向の流れがある。

木がよく示している。空間にも流れている。

その流れに気づくように。流れが滞ると病気になる。

この流れを使って念力もできる（ジェダイのフォース）。

思いを伝えることもできる。この流れは海中の流れのように粘性がある。

人から大地への流れは、大地でネットワークが張りめぐらされていて、他の人とつながっている。木々も同じ。

近年このつながりが弱い人が多い。病気になりやすい。大地に根を張ること。そうすると大地からエネルギーと情報を得ることができる。大地が体を維持するのに必要なもの、あなたの体に不足しているものをくれる。

人は地球から滋養をもらっていることを知るべきだ。滋養だけでなく、情報、叡智、安定、安心感、癒《いや》し、受容をもらっている。

大地に寝転ぶ、自然に触れる、海水に浸かることで、不安解消に役立つ。

人間は大地の子。母なる地球の愛を常に受けている。

意識を進化させていくのに、地球とのつながりを強化することは大切だ。大地にしっかりと根づくと、天からの気の流れがよくなる。宇宙のエネルギー（高次）を取りこむことができるようになる。

それがさらに知覚の拡大を促す。

ハートの内部から、殻《から》が割れるような形で、純粋な自分が現れる。それが覚醒だ。外からのエネルギーの流れこみも必要だが、内部から外へも必要だ。

自分を客観視する視点も純粋な自分の視点。それはI/Thereの目、源の目でもある。

自分を客観視する練習をするといい。

＊意識の進化を促すために、日々実践するとよい簡単な事柄
1：人にやさしくする
思いやりを持つということ。小さなことでいい。身近な人、ものごとから始める。言葉遣いをやさしくする。人が困っていたら手を貸す。車の運転でやさしくする。

余裕のあるときはできても、余裕がないときにいかに実行できるかが重要。

子育てを考えてみるとわかると思うが、時間がないときに限って、子供はいうことをきかないし、思い通りにならない。やさしくするのは難しく、怒りが出てくる。

自分の「我」が出てくる。「我」との葛藤《かっとう》。

つまり、やさしくすることで、「我」が明らかに見えてくる。それが重要。「我」を理解する。

2：約束を守る。言行一致。時間厳守
3：自分の考えること、感情、言動、行動を常に意識する

特にネガティブな思考、感情、言動、行動の場合は、その元にある信念を探り、気づく。それを手放す。

4：ハートチャクラを活性化するエクササイズ

次を毎日10分ほどやるといいだろう。

ハートからエネルギーを出して、全身のまわりを丸く覆う球を作る。透明でシャボン玉のように弾力がある。色は金色でも、生命エネルギーを象徴する緑色でも、あなたの好きな青色でもいい。

その球を大きくしていく。直径20メートルほど、さらに100メートルほどまで大きくする。

リーボールと似たものだが、ハートからエネルギーを出しているという意図を持つこと。

5：相手の思いをおもんぱかる

思い（感情、考え）を推し量ること。これは「人にやさしくする」のなかにも含まれてはいる。ただし、とても重要なので、これだけを取りだして意識して行うこと。

6：大自然のなかで過ごす

森林、海、風、太陽光。宇宙とのつながり、大地とのつながりを回復する。癒し、浄化の作用。

7：体を動かす

エネルギーの流れをよくする。バランスをとる。浄化。

◎ヘミシンクで覚醒する方法

次にヘミシンクを使って覚醒する方法について、以前アークトゥルスで学校に行っていたときに、女性講師から何回かに分けて聞いた事柄をお伝えする。

▼2021年10月12日（火）

フォーカス42でアークトゥルスへ行く。すぐに女性的な存在と会話が始まる。

覚醒するにはどうしたらいいのか尋ねる。

「覚醒とは、ハートが開いて源とつながること。ハートは内側では源とつながっているが、外側（自分の住む側、意識する側）ではつながっていない。そこにいわばゲイト、扉があって、閉じている状態。ハートのゲイトが開くと覚醒する。ハートを閉じる信念や恐れを取り除く、手放すワークをやるといい。喜び、笑いはハートを開く」

▼2021年10月27日

「覚醒するにはどういうことをすればいいですか？」

「いろいろな方法がありますが、あなたはせっかくヘミシンクでいろいろなフォーカスへ行ってるので、生命エネルギーを取りこむことを集中してやればいいでしょう。フォーカス49で銀河系コアへアクセスして、生命エネルギーを取りこむのがいいです」

「ヘミシンクを聴いていない一般の人には、どういうエクササイズがいいですか？」

「パワースポットや自然のエネルギーのあふれるところで、生命エネルギーを頭のてっぺんから体内へ取りこむイメージングがいいでしょう。

生命エネルギーを取りこむことで、覚醒は着実に進みます。

それ以外のエクササイズでもいいですが、あなたが一番やりやすいのはこれだと思います。生命エネルギーを取りこむことで、覚醒に必要なことはすべて自然に起こってきます。なので、このエクササイズを徹底的にやっていけばいいのです」

この存在とともにいると、この存在経由でエネルギーが流れこんでくる感じがする。しばらく一緒にいる。

▼2022年12月17日

「アークトゥルスには黄金色の球があります。これにつながり、エネルギーを自分の頭頂へ降ろすようにしてください。それをそのまま体内へと導きます。これを定期的に行うようにしてください。足をしっかりと大地につけて、エネルギーを大地へと流し、グラウンディングします。周波数を上げる効果とハートを開く効果があります。

また、自分の受け取ったエネルギーをそのまま、エネルギーを必要としている人のハートへ流すようにします。その人を癒すことができます」

ここでいわれたことについて、解説しておきたい。

第3密度から第4密度へ上がるには、自分が宇宙の源と一体だということを思いだす必要がある。それを妨げているのは、われわれが地球生命系で生き抜くために身につけてきた信念である。そういう信念が、本当の光り輝く自分、宇宙の源と一体である自分の周りを、分厚い層になって取り囲んでいる。そのために、本当の自分が光り輝くことができないでいるのだ。自分ですら、そういう自分が本当の自分だということに気がつかない。

ヘミシンクは、地球生命系で生き抜くために身につけてきた信念がはげ落ちる手助けをする。そのためには、以下のことが必要となる。

1：高次の生命エネルギーをハートへ取りこむ。

2：そうすることで、闇のなかにいる（フォーカス23から26に囚われている）自分の側面（過去世や子供のときの自分）に光があたり、救出・解放されるか、あるいはその一歩手前まで来るので、意図的に救出・解放する。

3：その結果、そういう側面の体験が元になっていた信念が手放される。

◎具体的なエクササイズ

まず1について。

ヘミシンクでフォーカス27かそれ以上の高いフォーカス・レベルへ行くと、自動的に高次の生命エネルギーのなかに入るので、特に何かのワークをしなくても1は自動的に行われる。

その際、意図的に頭のてっぺんからエネルギーを体内へ取りこみ、大地へと流すというイメージングをするとさらに効果が出る。

これまでの経験からも、フォーカス・レベルは高ければ高いほど効果が大きいように思われる。

「スターラインズ」では、何回もフォーカス42や49というレベルに行くので、劇的な効果があった。

次に2について。

意図的に救出・解放するには、本書の最初のほうでお話しした「救出活動」をやるか、または「リリース&リチャージ」という方法を使う。

これはフォーカス10で箱をイメージし、箱に手を入れて一番上にあるものをつかんで箱から取りだし、上へ手放すというシンプルな方法である。『ゲートウェイ・エクスペリエンス』の第1巻「Wave I」のトラック4に入っているエクササイズである。

参考のために、「スターラインズII」における実際の体験を載せておこう。

▼2008年3月20日(「スターラインズII」の5日目)

1時半ごろに目が覚めて、それから眠れない。考えごとをしていると、フォーカス23のような暗いなかに池のようなところが見えてきた。

もしかしたら、ここにだれかいるのかもしれない。暗いなかに鍾乳洞《しょうにゅうどう》の壁が見える。手前には地底湖がある。

サーチライトをつけて壁を照らし、さらにエナージー・バー・ツール（EBT＝イメージで作る光り輝く棒）で天井に穴を開けた。ただ、まだ地上まで届かない。EBTでの照射をさらに続けると、地上の光が差しこんできた。

穴は上のほうにあるので、このままでは出られない。綱梯子《つなばしご》を垂らすことにする。

「ここから出られますよ」

大声で呼ぶと、何やら猪のような人のような姿のものが、綱梯子を登っていった。

自分も急いで後を追い、外へ出た。なぜか、そのままそこにいると出られなくなるような気がしたからだ。

地上から穴のなかを見ると、何か怖い、ドロドロしたものを感じる。

ここで、リリース&リチャージを思いだした。もしかしたらこのなかに手を入れて、自分の恐怖の元になっているものを取りだせるのではないか。そう思い、恐る恐る手を入れて、何かをつかんで、取りだした。

すると、全身がタールのようなもので覆われた大男が出てきた。そして、日の光を浴びながら、ゆっくりと石段を登っていく。

光を浴びるとタールは徐々にはげ落ちていく。頭を剃《そ》った上半身裸の体格のいい男だ。エジプトで神官をしていたときの自分だ。

男は胸を張り、ゆっくりと石段を踏みしめながら登っていき、右へ曲がると建物のなかへ入って行った。フォーカス27へ行ったと思う。

彼は、神官のトップだったが、政争に巻きこまれ、殺された。残酷な死に方をした。ピラミッドのような石でできた建物に閉じこめられて死んだのだ。動物か何か、人を食い殺すものと一緒に。あるいは棺桶に入れられ、これも何かおぞましいものと一緒に閉じこめられたのかもしれない。映画『ハムナプトラ』の神官と同じような殺され方だった。

詳細は知らないほうがいいとのことだ。

今夜はエネルギーが強い感じがして、眠れない。それに暑い。

この後、何回かに分けて、胸のあたりに手を入れて、何かを取りだしては上へ開放することをやると、そのたびに人影が見え、それが上へ上がっていく。

たとえば、3人ほどが連なってゆっくりと右手の上空へ消えていったり、数百人の集団が見え、明かりが差しこんで、全員が右手上空へ消えていったりした。

別の（たぶん）キリスト教の尼さん数百人という集団が見え、これもまた同様に消えていった。

他にも何回か、人影が見えては右手上空へ消えていった。

これらは自分なのか、自分と関連する人たちなのか。

昨日の晩もほとんど眠れなかった。考えてみると、前回の「スターラインズ」でも最終日に同じことが起こっていた。どうも、高いフォーカス・レベルに行くとエネルギーをたくさんもらうのだろうか。そのため眠れなくなるのだろうか。今回はエネルギーの流れがよくなったので、それが顕著になったのだろうか。

前回も救出活動をしていたが、今回も同じだ。

▼2009年12月3日

フォーカス42のメモリールームへ。

「子供のときのトラウマの元になっているような体験があれば、それを思いだして、解消したい」

箱をイメージし、手をつっこんで取りだす。

しばらく続ける。胸に手を入れる形に変える。胸のところがパカッと開いた。

手でなかから何かを取りだすしぐさをしていると、何やら金属のチューブのようなものが出てきた。ジャバラのようなものだ。

どこまでも引っ張りだせる。それは出切ると、ヘビのようにくねくねと動きはじめた。こちらにまた入って来ても困るので手で振り払って、遠くへ捨て去った。ヘルパーたちに何とかしてもらうことにする。

さらに、もう一度胸に手を入れて取りだす。またチューブが出てきた。長い。10メートルくらいはある。それを完全に取りだす。

これらが何なのかはわからない。

「何ですか」

「知らなくてもいいですよ。パソコンでいろいろなジャンクをクリーンアップして、捨てるじゃないですか。そんなものです」

終了時、少し目が回る。

こういった例が示すように、高いフォーカス・レベルへ行くと自然に高次のエネルギーを浴びるようで、その結果、解放が進むようだ。

第11章

エジプト・アブシンベル大神殿での救出

◎アブシンベル大神殿での出来事

ヘミシンクを普段から聴いていると、聴いていないときでも霊的な存在と交信ができるようになる。自分と関係のある存在が何らかの理由である特定の場所に囚われている場合、そこへ導かれ、結果的に救出するということも起こり得る。それは自分自身の囚われの解放である可能性が高く、覚醒の道を歩んでいく途上で起こってくる。ここでお話しするのはその一例である。

２０１７年10月に一般のエジプト・ツアーに参加し、ルクソールやギザの古代遺跡を訪れた。このツアーにはアクアヴィジョン・アカデミーのトレーナーやスタッフ、さらに、それに関係するいくつかのグループも参加した。われわれの関係者だけで30名ほどいた。ツアー全体で80名ほどだったので、かなりの人数をわれわれが占めていた。

このツアーの最中、アブシンベル大神殿を訪れたときに予想だにしない展開となった。だがその話に入る前に、この神殿を造ったラムセス２世について説明しておく。

ラムセス２世はエジプト新王国時代第19王朝の王であり、紀元前１３０３年ごろに生まれ、紀元前１２１３年ごろに90歳で没したとされる。24歳で即位し、66年間統治。積極的な外征でヌビア、リビュア（リビア）、パレスチナに勢力圏を拡大した。

アブシンベル大神殿は崖を掘り進める形で造られていて、前面には巨大なラムセス2世の立像が4体並んでいる。神殿内部のもっとも奥には、ほぼ等身大の像が4体ある。左からプタハ神、ラムセス2世、アメン・ラー神、ラー・ホルアクティ神である。

▼2017年10月24日

7時半からバスに乗り、一路南へ。3時間半後、アブシンベル到着。

バスから降り、抜けるような青空の下、歩いて大神殿へ。あたりは茶色の砂漠が広がる。ナセル湖の青さが目に飛びこんできた。

そして、アブシンベル大神殿が見えてきた。大きな岩山をくり抜いて造った神殿だ。

入り口で巨大なラムセス2世の像が出迎える。

内部は非常によく保存されている。彩色が残っているところもある。

「こうでないといけないよね」

昔はそうだったという思いがある。

これまで行ったところはどこも、顔が削られていたりして、ここまで保存状態はよくなかった。ここは気も悪くない。

一番奥の至聖所。４人の人物の像がある。

非常に怖い感じがする。

左から、プタハ神、ラムセス2世、アメン・ラー神、ラー・ホルアクティ神。

一番左の人（プタハ神）が死神というか、冥界《めいかい》の王というか。強烈で恐ろしげなエネルギーを発している。リアルにここにいる。

左から2番目のラムセス2世に、ここに留まるように命じている。

一番右の書記官のような人（ラー・ホルアクティ）もここにいて、ラムセス2世に命令している。

ラムセス2世は使命として、ここに居座りつづけている。ここから出て、目の前の青いナイル川のほとりに行きたいのに我慢している。

いずれにせよ、全員ここから離れられない。

救出を試みる。

「もう出てもいいんですよ。青い川のほうへ。光のほうへ……」

すると、口から何やら呪文のような言葉がつらつらと出てきた。

ただ、効果はわからない。

大神殿を出る。

小神殿。こちらは特に何も感じない。

もう一度、大神殿へ。

まっすぐに至聖所へ向かう。救出を試みる。

「光のほうへ行ってください」

ただ、効果はわからない。

その後、アブシンベル神殿から出た後に、以下の情報を得た。

「アブシンベル神殿の奥にあった4つの像のうち、左端のプタハ神と右端のラー・ホルアクティ神はあなたの同僚の神官たちだ。あなたは右からふたつ目のアメン・ラー神を祀る神官だった。あなたたちはラムセス2世が亡くなるとすぐに自害し、後を追った。

本来なら、ラムセス2世がちゃんと冥界の適切な場へ行かれるように手助けするのが、皆の役目だった。

ただ、当時は神官団とファラオの間に対立があり、あなたたちはラムセス2世が適切な場へ行かれないようにした。さらに、アブシンベル神殿のあの像のなかに封印されるようにした。ここでエジプトの民を見守るようにと命じた。プタハ神を祀る神官とラー・ホルアクティ神を祀る神官はずっとそこにいて、ラムセス2世を見張っていた。あなたは、うまいことをいって、そこから逃れでた」

▼帰国後の2017年10月31日

夜10時過ぎに風呂で。

「彼らを救出する必要がある。あなたは彼らの仲間なので、あなたが行けば彼らを解放することができるだろう。彼らのことを思いだして、話しかけてください」

彼らを思いだす。そして話しかける。

「あなたがたの封印は解かれた。もうここにいる必要はない。光の国へ行きましょう。上へ昇ってください」

ふたりの神官は上へ移動しはじめた。ラムセス2世はかなり意識が朦朧《もうろう》としていたが、一緒に上がりはじめる。私も一緒に移動する。

「光の世界へ行きましょう。オシリス神やイシス神がいる世界へ。ラー神も待っています」

移動していく。出迎えの人たちが来ているような感じだ。

何日か後にふと気がついた。

筆者は彼らふたりをだまして呪文をかけ、そこから出られなくしたんだ。

◎任務の全う

▼2017年11月6日

朝、神官のうち、プタハ神に仕えていた人と交信したような気がする。

彼曰く。

「われわれ3人は、神官候補生の同期の仲間だ。若いころからずっと一緒に切磋琢磨《せっさたくま》し、仲良くやってきた」

そういわれて思いだした。

「私は競争心が強く、内心では常に彼らを出し抜こうとしていた。最後に彼らを封印したのは、そういう思いからだった……」

だが、その後っはずっとそのことを後悔していた。今まで。

彼曰く。

「おまえはどうした？　ずいぶんひ弱そうだな」

「あれから何度も輪廻《りんね》してきたからだ」

「おれがその気になれば、ひねりつぶすことも簡単だな。でも、そうはしない」

「あなたは活躍の場が待っている」

「そうだな。それでは、さらばだ。その前に、となりに寝ているのは、われわれの仲間ではないか。4名で一緒に切磋琢磨してきた。あなたの孫として生まれてきたということは、相当の使命を持ってのことだな。期待しろよ」

え、そうなのか？　だいぶ前に銀河系コアのそばで、なぜか孫を抱っこしていたときに、「この子は非常に精神性の高い子だ。あなた以上だ。大切に育てるように」というようなことをいわれたのを思いだした。

▼2017年11月8日「スターラインズII」のF27の復習セッション

フォーカス27にある向こうのモンロー研究所の水晶へ。草原にいる。水晶は大きな肌色の石のようなものが見える。人がまわりにいるような感じがするので、トレーナーやスタッフ、参加者のひとりひとりを思いだす。モンローもいる。

草原に大勢の人影が見え、皆私から離れて向こう向きに歩いていく。頭からすっぽりガウンをかぶったような感じ。だれだろうか。

「5000人。今回のエジプトツアーで引き連れてきた5000人を今、ここで解放できた。すべてあなたに関連する人だ。Aさんは400人以上もの人が憑依《ひょうい》していて、体のヒーリングワークでそれを解放する必要があったといっていたが、あなたは5000人だ。

あなたは何度も過去世で、エジプトで生きてきた。その関連者で、その後、あちらこちらで囚われていた人たちを、今回エジプトをツアーすることで引き寄せることができた。

フォーカス27へ連れて行くことで、解放できた。ツアーの途中で拾ってきた人もいる。

これで喉《のど》の痛みも快方へ向かうだろう。しばらくこの場のエネルギーにひたり、体の隅々まで行きわたらせるようにしなさい」

▼2017年11月10日

フォーカス49のセッション。

何をしようか迷ったが、クラスター・カウンシルに会うことにした。ディアナのみ現れた。

「この前の、私がラムセス2世を救出したという出来事は本当なのでしょうか？　いまひとつ、自信が持てないのですが」

「それを確かめるには、F27で実際にラムセス2世に会えるかどうか試すのがいい」

そこで、F27でラムセス2世を捜すことにした。ところがF27は人が多すぎて、うまく見つけられなかった。

▼2017年11月11日

午前3時40分ごろ、目が覚めたのでフォーカスF27でまたラムセス2世を捜してみる。癒しと再生の場の受付のところに来た。そこの女性がすべて把握しているとのこと。

その女性に尋ねる。

すると、すぐにそれふうの男性が現れた。何か少し会話をしてるうちに一瞬眠った。

突然、その男はこういった。

「子供のときに母親に、『私が生きている目的はなんですか』と聞いたことがある。母の答えは『国のために尽くすこと』だった」

その声で、はっとわれに返った。これはまったく予想したものではなかった。

「そういわれて育ったので、ファラオになってからも国のために全力でがんばったのだ。なので、死んだ後、おまえらに『国のためにここにいて見守ってください』といわれると、そうせざるを得なかったのだ。特に見張られているとな……。だが、おまえらも国を思うからこそ、そうしたのだろう。別に悪くは思っていない」

「温かきお言葉、感謝いたします」

男は向こうへ歩いていく。ここは空が青くて、さわやかな場所だ。神殿のような場にいる。

本当に救出していたようだ。

起きて記録をつける。

もう一度ベッドへ入る。部屋を暗くする。F27の先ほどの女性のところへ。

女性が話しはじめる。

「今、彼らはリハビリの途中です。今の段階で会うのは危険かもしれません。プタハ神の神官はあなたを思いだして、怒りはじめるかもしれません。それでも会いますか？」

「はい」

少しうとうとしたのか、男性が七夕《たなばた》のことを話していた。

「ここでは、私はいろいろなことが学べるのでうれしい。七夕は東洋の習慣だ。元はエジプト起源だったかもしれないが」

タレントの明石家さんまに、ちょっと似た顔をした男性だ。立ったまま話している。彼はさらに続けた。

「あなたとわれわれは学友だ。小さなとき、5~6歳のころから一緒に神官になるために学んできた。そして、一緒に神官になった。私はプタハ神に仕える道を進み、あなたはアメン・ラー神に仕える道に進んだ。そしてラムセス2世に仕えた。彼の力は強大だったので、われわれとは若干の対立があったが、われわれは手出しができなかった。

ただ、死後の世界では違う。われわれの思い通りになる。そこでわれわれは協力して、図ったのだ。思いだしてきたぞ。お前は、われわれふたりに呪文をかけたのだ。そのため、われわれは動けなくなった。

ただ、そのおかげで、任務を全うすることができた。そうでもなかったら、思いが散漫になり、その場からいずれは離れてしまっただろう。それが呪文のおかげで、いつまでもその場にいつづけることができた。よかったと思っている。おまえには恨みはない。彼（ラー・アクティ神の神官）には後で話しておくよ」

さすがは神官までやった男だ。高貴な男だ。

彼は私の様子を見ると、いった。

「忙しいようなので、また後でゆっくりと話そう」

「ありがとうございます」

私はその場を去る。

第12章

サディーナから学んだ ハートを活性化する方法

◎レッスン1

覚醒するには、ハートを活性化していくことが必要だということで、そのためのレッスンをサディーナ（筆者の未来世であるプレアデス人）に教わった。実際には何日かに分けて情報を受け取ったのだが、ここではまとめて紹介する。

「あなたのハートの詰まりはかなりなくなりました。喉の詰まりもなくなりました。ただ、意識の振動数を高めていくにはそれだけでは足りなくて、ハートを活性化していくことが必要です。そのためにこれからいろいろとレッスンをしていきます。

まずレッスン1として、意識の中心を眉間からハートへ移す練習をしましょう」

やってみる。なかなかうまくいかない。

そのうち少し眠くなった。

「それではさっきの続きでレッスン2です。

ハートの交信では、情報を塊として全体像をつかむ、という形で受け止めることができます。その練習をしましょう」

その後、眠くなってしまい、意識がとぎれとぎれになった。

ハートでの交信は癒《いや》しのエネルギーが多いので、眠くなるとのこと。

「レッスン1の復習をやりましょう」

自分が眉間《みけん》からハートへ降りてくるようにするが、うまくいかない。

◎レッスン2

「次にレッスン2。情報を送るので、つかまえてください」

待っていると、一瞬寝たのか、他のことを考えたのか、「いらないものを捨てる」という言葉が浮かんだ。

「はい、よくできました。それでは、次の情報を送りますよ」

待つが、よくわからない。

「緊張を緩《ゆる》めたほうがいいですよ。それでは別の情報を送りましょう」

待っているうちに、寝たのか他のことを考えたのか、意識が飛んだ。どうもハートにエネルギーが入るので、意識が飛ぶようだ。

◎レッスン3

「それでは、レッスン3に行きましょう。今度は、イマジネーションを働かせます。想像力を使っていろいろ想像し、そのなかにどっぷり浸かります。

あなたは会話を想像することは得意ですが、映像を想像することはうまくないですよね。その練習をしましょう。これはハートを使う練習になります。まず、私と一緒に手をつないで歩いていると想像してください」

何もイメージが浮かばない。見えない。

「『アナと雪の女王』で、エルサが歩いているところを思いだしてください」

向こう向きに歩いていく姿が一瞬見える。

しばらくすると、関係のない映像が見えてきた。カフェテリアのようなところに人がふたりいて、話をしている。

その後、眠ったのか意識が飛んだ。

「レッスン2をやりましょう。情報を送ります」

何かがこちらへ弧《こ》を描きながら飛んできて、頭のあたりに入ったのが見える。一瞬夢を見たような、考えごとをしたような状態になる。はっとわれに返った瞬間に、何を考えたのか忘れた。

「うまく覚えていられるようになるといいですね」

再度挑戦する。また何かが向こうからこちらへ飛んできて、体内へ入った。一瞬夢を見たような、考えごとをしたような状態になり、はっと気がつくと、また何を考えていたのか忘れた。

うーむ、うまくできない。

「それでは練習をしましょう。私のことを想像してみてください」

何も見えてこない。

「ではスキーをしているところを想像してください」

雪の斜面をスキーで降りていくことを想像する。両足で切り返していく。何となく想像できる。はっきり見えるわけではない。ぼんやりとだが、雪面が見え、スキーの先っちょが見える。ウェデルンで降りていくと想像する。

「そうですね。それでは、また私を想像してください」

金髪の髪が見える。顔ははっきりしない。全身が何となく見える。すらっとしている。服もスルッとした感じだ。

さっきよりはうまく把握できる。

◎レッスン4

「それではレッスン4です。自分の思いを言葉を使わずに発信します。モンローの作った『ゲートウェイ・エクスペリエンス』のなかにありますね。あなたは言葉を使った発信は得意ですが、言葉を使わない発信は苦手意識がありますね。

それではまず、愛を発信してください」

愛情体験を思いだすことにする。孫を抱いていることを思いだし、かわいくてしかたないときのことを思いだす。

「飲む」と彼がいってるときを思いだす。

しばらく、思いだしている。

「そうですね。そういう感じです」

◎レッスン5

「声を出すワークはしなくていいのか？」

「そんなことはありません。声のワークは大切。声を出す際にハートに意識を向けてやるといい。ハートから声が出るような感じで声を出します。

これはレッスン1の変型判。レッスン5とします」

「あなたと交流することはこのレッスンの一部だけれど、一般の人は同じ方法は使えないのではないか。サディーナに相当する人がいないので」

「そんなことはありません。アセンションした未来の自分と交流すればいい。だからアセンションする人には皆、適用可能な方法です」

「なるほど。ハートを活性化するために声のワークがいいといっていたけれど、どの音階でもいいの？」

「ハートには特有の振動数があるので、その音階を発するのが一番いい。それを捜してほしい」

「さっきいろいろな音階を試したけど、『ド』が一番いいと思うんだけど」

それぞれの音階で声を出していくと、胸の中央が痛くなってきた。

「ハートにエネルギーを注入しているので、ハートというか、胸の中央が広がろうとしています。だから痛くなるのは当然です」

「ハートなの、それとも胸の中央？」

「エネルギーが注入されているのは胸の中心。ハートではありません。ハートはずれたところにあります。このことについてはおいおい話していきます」

「ハートが真ん中に来るの？　ピラミッドの王の間が中心からずれたところにあるのは同じ理由？自分の知識があると、うまく情報が来なくなってしまうんだけど……」

「ハートでつながったほうがいいのはそのため。頭でつながるとどうしても知識が邪魔《じゃま》します。頭の活動を鎮《しず》めて、ハートで交信すると、知識や先入観に邪魔されません。さらにハートでの交信では、嘘は入りこめません。真実しか入れません」

◎レッスン6

「声を出すワークで意識をハートに向け、ハートから声を出すようにするのですが、さらにそこに温かい思いを乗せるようにします。これはレッスン6ですね。

愛情を乗せるのですが、愛情といってもよくわからない場合は、愛情体験を思いだすようにします。赤ちゃんを抱いているときの、かわいいという思いとか、できるだけ具体的な実際の体験を思いだしてください。その優しい思い、温かな思いをハートからまわりへ発するようにします。

まわりの空間へ広がっていくことを想像します。このワークを毎日最低でも10分くらいやってほしい」

◎レッスン7

「今回は今までよりも、ハートによる交信に中心を移します」

ふと気がつくと、意識が眠りのほうへドリフトしていた。いけない、いけない。

「ハートにエネルギーが入るので、眠くなるのです。ハートにエネルギーが入ることは、ご存じのようにさまざまな因子を癒し、浄化し、手放すのを手助けします」

気がつくと、また意識がドリフトしている。

「ハートにエネルギーが入ってくる状態で、意識を保ちながら交信できるようになるように練習していきましょう。これがレッスン7ですね」

気がつくと、また意識がドリフトしていた。

◎レッスン8

今回は、怒りや悲しみの感情をプレアデス人は感じるのか、それを聞くことにする。

レゾナントチューニングをしていると、胸の上に孫が寝ている。今、保育所に行っているはずだが、ここに来て寝ているのだろうか。

「あなたはお孫さんを育てることで、愛情を学んでいきます。子供たちが小さかったときは仕事で忙しくて、十分に学ぶことができませんでした。いいとこどりをしていました。

愛情とは他人のために自らを犠牲にする行為です。それを学ぶいい機会です。

実際の生活のなかで、愛情を実践していくことが大切です。これはレッスン8ですね」

フォーカス34／35に着いた。

「あなたの質問はわかっています。プレアデス人も豊かな感情を経験します。ただし、喜びやワクワク感、愛情という感情です。皆さんが持つ怒りや悲しみ、苦しみを共感することはできます。

が、自分からそういう感情を持つことはありません。

あなたがどういう理由で怒りを覚えるか、考えてください。自分の思いどおりにならないときに怒りが沸いてきますよね。人が思いどおりに動かない、事が思いどおりにいかない、たとえば事故で予定が変更になってしまった、そういうときに怒ります。

プレアデス人の場合には、体験するすべてが自分の思うとおりなので、怒りは起きないのです。覚えていると思いますが、第３密度でも現実は自分の思いが生みだしているのです。ただ、それに気づいていないだけです。

『思い』といった場合、顕在意識だけではなく潜在意識も含まれるのです。第３密度では、思いの９割は潜在意識であって、しっかりと認識されていません。

第４密度では潜在意識がすっかり浄化されて、顕在意識と潜在意識の区別がなくなります。つまり、すべてのことを明らかに意識しています。しかも、潜在意識が浄化されているので、ネガティブな感情の原因となる因子はまったくないのです。

自分の体験するすべての現実は自分の思いから生みだされますが、その思いのなかにネガティブな体験の原因となる因子がないのです。怒りや悲しみといった感情は沸いてきません。こういう意識状態はあなたの理解を越えているでしょう」

「もしも私が、あなたを突然なぐったら、どうですか?」

「その場合も、あなたの感情を感じて、どうしてそういうことをするのか理解します。ですので、怒りは起こりません」

「第4密度にも、ネガティブな生命体はいると思いますが……」

「私たちはそういう方向への進化は選択していません」

「ネガティブ側が綿密な計画の元、あなた方をだましたり、欺《あざむ》いたりして、征服しようとしてきたなら?」

「以前のプレアデス人はポジティブ側しか知らなかったので、そういう攻撃には無防備でした。ただ、今、私たちは両側を体験し、統合された存在です。ネガティブ側のこともよく知っていますので、問題ありません」

第4密度には真理しか存在できないから、だますとか嘘《うそ》とかはないはずだ。

◎レッスン9

サディーナとコンタクトしようと思う。どうしたらつながりやすいのかと思う。

「あなたのなかの女性性と、話をすればいいのです。女性になったつもりで話せばいいのです」

「えっ、そんなことでいいんですか？」

「そうです。私はあなたの女性性が人格化したものなので、今、自分のなかの女性に話をしてもらえば、それがそのまま私になります」

「そうなんですか。わかりました。やってみます。女の自分に答えてもらいます」

「あなたは子供のころは、女性的な側面もちゃんと声を出していたのです。それがあるときから、女性的な側面が声を出せなくなりました。封印してしまったのです。こういう会話を想像することが、女性的な側面が復活するのにとても役立ちます。まだまだ声が小さいから。意図して耳を傾けてあげる必要があります」

「そうなんだ。なんだか、インナーチャイルドの声に耳を傾けるのと似ていますね」

「ある意味、同じことです。抑圧している部分の声だから。あなたにとって、それは女性サイドの声ということになります。

これはレッスン9ですね。女性的側面（抑圧している部分）に話をしてもらう。女性的側面が話をすることを想像する」

「男性の場合はそうですが、女性の場合はどうなんですか？」

「男性的側面に話をしてもらいます。それが抑圧されている場合はね」

「抑圧されているかどうかは、どうしたらわかるんですか？」

「男性的側面と女性的側面の、それぞれの特徴を書きだしてみてください」

「男性的側面は、自立、判断力、経済力、知性、左脳、計画的、論理的。それに対して、女性的側面は、愛情、思いやり、受容、右脳、直感、感情的、協調、調和」

「はい、よくできました。両方の特徴がうまくバランスしていれば問題はないけれど、バランスが悪い場合は、弱いほうをもっと強くする必要があります」

「ということは、男性だからといって女性的側面が弱いとは限らないし、人によっては男性なのに男性的側面が弱い人もいるということですか？」

「はい、そうです。だから、自分の特徴を見て、決めたほうがいい。あなたの場合は、女性性のなかでも愛情、受容というところがもっと高められる必要があります」

「そうなんだ……。

あの父親のせいでハートが極度に詰まってしまい、ハートの詰まりをほぐすのに人一倍の苦労をしなければならなかった。要らない苦労をさせられたような気がする」

「そんなことはないです。すべてのことは無駄ではないのです。これだけ詰まった人でも、覚醒できる方法がわかれば、すべての人に適用可能となるということです」
「確かにそうですが……」

第13章

物質次元により近い次元で地球外生命体に会う

◎ET遭遇体験を思いだすセッション

人類は今後周波数が上がり、ETたちのレベルへ近づいていく。そうすると必然的に、ETや彼らの乗り物との遭遇が起こってくる。

つまり、これまでのように非物質次元ではなく、より物質次元に近い次元でのETとの遭遇となるわけである。

そして、物質次元により近い次元でのETとの遭遇を積極的に行うために開発されたのが「スターラインズ・リユニオン」である。

このプログラムはフランシーン・キングにより開発され、2016年5月に日本でモンロー研究所よりも先に、第1回が開催された。日本ではその後、毎年開催されている。

このプログラムでは最初のほうに、過去のET遭遇体験を思いだすためのセッションがある。チャネラーのリサ・ロイヤルによると、およそ9割の人がすでにETやUFOに遭遇しているのに、それを顕在意識では覚えていないとのこと。

ともあれ、まずは筆者の体験を紹介する。

▼2016年9月16日

「あまりイメージを追わないほうがいいですよ。あなたはそれよりも、交信に意識を向けたほうがいい」

「私はこれまでにも、ETと遭遇しているのですか？」

「はい、何度もしています。

最初の体験は小学校1年生のころ、北海道にいたときです。林のなかでふたりの友だちと遊んでいたときです。友だちは見ていませんが、あなたは光り輝く楕円体を見ています。あなたは以前に、この体験をヘミシンクを聴いて思いだしています」

「そうでした」

「これは私たちの宇宙船です」

「プレアデス人ですか？」

「そうです。あなたはこの体験を顕在《けんざい》意識では覚えていませんが、潜在意識で覚えています。恐怖心は抱きませんでした。

それは私たちが愛のエネルギーを放っていたからです。あなたは、あれは何だろうか？という感じで見ていました」

「どうしてこういう体験をしたのですか？」

「あなたに思いださせるためです。自分の出自を。それが今回の人生で必要になるからです。あなたは光り輝く物体からの光を、眉間のあたりで受けていました。それがあなたの気づきを促すのです。あなたは高校生のころ、テレビ番組の『謎の円盤ＵＦＯ』を観ていて、車が道を走っていくと木々の間を通してＵＦＯが見えるシーンに興味を抱きませんでしたか？」

「はい」

「あれは、この場面を潜在意識で覚えていたからです」

「そうだったんですか！」

『インベーダー』というテレビ番組に興味をひかれたのも、子供時代に遭遇しているからです。実はこういうことに興味を持つ多くの人が、子供時代に遭遇体験をしているのです。本人は覚えていないことがほとんどですが」

「次に見たのはいつですか？」

「その後も何度か遭遇していますが、大学時代に北海道に行ったときのことを覚えていますか？」

「はい」

「林のなかのちょっと開けたところで、友人と灰皿を投げて『UFOの写真』を撮っていましたよね？」

「はい」

「あのとき、一瞬時間が止まり、あなたは私たちの宇宙船を見ているのです。光り輝く楕円体で、子供のときよりも、もう少し具体的に宇宙船の形を見ています。

これも顕在意識では覚えていませんが」

「そうだったんですか。

では、UFOに乗った体験はしてますか？」

「はい。中学から高校にかけて、家から学校に行くときに、ときどき小型の宇宙船に乗って上昇して、そのまま上空を移動していくことを想像してましたよね？」

「はい」

「あれは、実は夢のなかで同じような体験をしていたのです。夢のなかで体外離脱をして私たちの小型宇宙船に乗り、空を飛んで、上空から町を見たり、宇宙空間へ行ったりしていました」

「そうだったんですか。またやってみたいですね」

「はい、これからは夢のなかでできるようになります。夢のなかで目が覚めるようにします」

「うわー、すごい」

◎UFOに吸いこまれる

筆者は小学校1年のときにUFOを目撃していたとのことだったので、そのときのことを追体験してみることにした。「スターラインズII」のポータル・ルームというセッションでは、それが可能となる。

▼2020年7月24日

小学校1年生のとき、林のなかで友人ふたり（ひとりは飯島君だ。名前を思いだした！）と遊んでいたとき、光り輝く楕円体がゆっくりと移動していくのを見ていた。そのときの様子を思い描く。さらに、シフトナウという。

そんなにはっきり見えるわけではない。が、ここで何かに追いかけられている感じになり、やばいといいながら逃げる。逃げきれず、吸いこまれる。

船内へ。まぶしいなかにいる。

突然、まったく違う光景になる。宇宙船内だが青っぽい。右手に窓が弧を描いて並び、そこにさまざまなシーンが映しだされている。

目の前にひとり、存在がいるが、はっきり見えない。自分のガーディアンのような存在。以前「プレアデスAスター」と呼んだ存在だ。

自分は非常に落ち着いている。大人の感じ。恐れはまったくない。

生まれるだいぶ前に、ここにいたことを思いだす。初めて地球生命系にやってきたとき。それは今からそんなに遠くない過去。アセンションを手助けする、あるいは利用するため。モンローたちと来た。

そして時空を超えて数多くの体験をして、今回の人生を迎えたこと。それをここへ連れてこられて、子供のときに思いだしたようだ。ただ、そのときの自分は子供ではなく大人の自分。まったくおびえていない。

予想とは異なっている。

この目の前にいる存在はガーディアン。プレアデス人だと思っていたが、最終的にプレアデスを経由したのでそう思ったが、実際はさまざまなところを遍歴しているので、プレアデスに限定されるわけではない。

◎ETやUFOを呼ぶワーク

「スターラインズ・リユニオン」では、晴れた夜には屋外でETやUFOを呼ぶワークを行う。皆で輪になってヘミシンクを聴き、心のなかで呼びかける。

雨や曇りの場合は屋内で同様のワークを行う（ETに部屋に来てもらう）。ワークの前にはフォーカス42で星々を周り、このワークが行われる場所と時刻を記した招待状を配る。

まずは雨の日の体験を紹介する。

▼2020年7月24日夜

雨なので、畳の間でメタミュージック（「Pieces of Heaven」）を聞きながら瞑想《めいそう》。メタミュージックとは、ヘミシンクの入った曲である。

大勢の存在がこの部屋に、非物質で来ている。参加者それぞれに関係するETたちだ。実際にここに来ているのではなく、エネルギーを投射しているようだ。

最後のほうで1000人くらいの顔が。まわりから奥のほうへ並んでいるのが見える。暑くなった。

後の体験シェアで、屋外でやるときよりも意識が外へ行かずになかへ向かったので、多くの人が内面でのコンタクトができたといっていた。

愛情を感じた人、多量のエネルギーがこの空間に注がれていると感じた人、メッセージをもらった人、体の反射（勝手に動く）が起こった人など。

「愛情を感じて、はじめの5分くらいはずっと泣いていた」（Aさん）

「銀色の円盤が駐車場に降りていて、駐車中のハザードランプが点滅していた」（Bさん）

▼2021年5月24日夜

夜8時より、宿泊棟のホールでワーク。

メタミュージック（「Celestial Space」）を聴きながら瞑想。40分ほど。

すぐに大勢の存在が現れる。階段にずらっと並び、その上の2階や、1階にもわれわれのまわりをずらっと囲んでいる感じ。

自分のすぐ後ろにもひとりいる。プレアデスのガイド的な例の存在。会話した。

「普段は物質界に降りるのは大変だが、雨が降っているとそれに乗って降りてきやすい。幽霊が水場に出やすいのも同じ理由からだ。また、このホールの中央に光の柱ができているので、それに乗って降りてきやすくなっている。近々、いよいよわれわれの宇宙船に乗る段階に来た。非物質次元での話だが。夢のなかとか、セッション中とかに。それでは、そろそろ帰るとする」

なお、晴れた晩には屋外でワークを行う。これまでに「スターラインズ・リユニオン」などで屋外で夜間に行われたワークでは、移動する光の点（UFO）が多数目撃され、動画も撮影されている。なかには、YouTubeにアップしたものもある。それらを最後にいくつか、紹介しておきたい。

ワークショップにおいて目撃・撮影された飛行体は、人工衛星のような光り方、飛び方をするので、人工衛星が飛ぶのと同じ範囲（上空１００キロから数百キロのところ）を飛んでいる可能性が高い。その高度だと通常のレーダーには感知されないので、怪しまれることはない。こういったワークをしていない晩に同じ施設で夜空を観察する機会が何度もあるが、１時間程度見ていても星以外は人工衛星すら見えないことがほとんどである。したがって、これだけ多数目撃されたのは、われわれの呼びかけに呼応したと考えられる。

なお、ＹｏｕＴｕｂｅにアップはしていないが、２０２２年６月17日、同年８月19日、２０２３年６月24日にもＵＦＯと考えられる飛行体が複数目撃され、動画が撮影されている。

●撮影日：2020年8月21日

YouTube動画：「ＵＦＯ発光@八ヶ岳2020年8月21日」
https://www.youtube.com/watch?v=GdN4Gr22XIM&t=15s

20時28分。ヘラクレス座のほぼ同じ位置で4秒おきに明るい発光が見られた。最大光度は木星（－2等星）よりもはるかに明るく、金星（－４等星）と同じ程度。徐々に減光しながら20数回発光した。通常のビデオカメラやスマホでは星は映りにくいので、暗視カメラの「SIONYX Aurora」で撮影。移動していないので飛行機の可能性はない。ヘリコプターなら音が聞こえるはずだが、音はまったくしなかった。

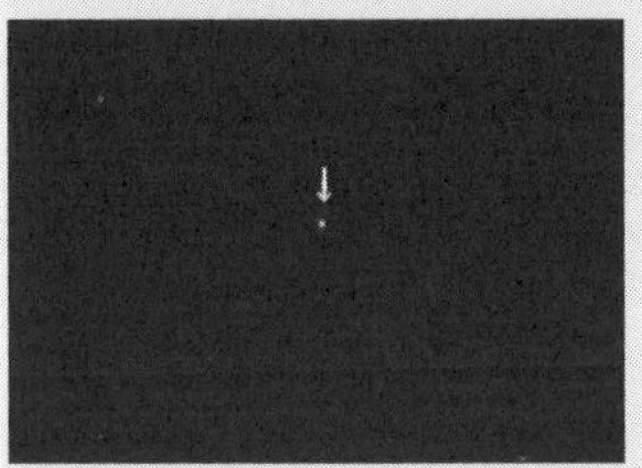

●撮影日：2021年5月22日、23日

YouTube動画：「UFO？　八ヶ岳山麓でのモンロー研究所スターラインズ・リユニオン（The Monroe Institute Starlines Reunion）で多数目撃」
https://www.youtube.com/watch?v=LO0ofuqAFh4&t=1s

22日20時10分～21時9分に9機、23日19時49分～21時50分に11機、合計20機。まったく点滅しない光が空を移動していく。ベガ程度の明るさ（0等星）から4等星程度まで。光り方、動き方は人工衛星と同様。人工衛星の可能性がないか、Stellarium-web.orgで確認した。このウェブサイトでは観測地と日時を入力すると、その時点の星空が画面に表示され、6等星までの人工衛星も表示される。結果、3機は人工衛星だと判明、ただし、残り17機に相当する人工衛星は確認されなかった。つまり未確認飛行物体といえる。飛行機なら赤と緑の点滅が見えるはずだが、点滅しなかったので、その可能性は低い。

●撮影日：2022年5月28日、29日、31日

YouTube動画：「多数のUFOが飛行　モンロー研究所ワークショップ@八ヶ岳　2022年5月」
https://www.youtube.com/watch?v=Ou0geu5qBUI&t=206s

28日20時27分～22時11分に8機、29日19時49分～22時42分に9機、31日20時11分～20時48分に18機目撃された。合計35機。ベガ程度の明るさ（0等星）から4等星程度まで。まったく点滅しない。Stellarium-web.orgで確認したところ、うち6機は人工衛星、2機は人工衛星の可能性ありとなった。残り27機についでは相当する人工衛星は確認できなかった。つまりUFOだと判断される。

おわりに

今後、ET（地球外生命体）との個別のコンタクトが起こってくると思われる。まずはじめは夢のなかで。なので、夢の内容に注意を向けるようにしたらいいと思う。また、こういうことは意図することが重要なので、寝る前にETと夢のなかで会いたいと思うこと。

そういう意図を設定したところ、筆者の場合、興味深いことが起こった。

◉2016年11月20日早朝に見た夢。

何人かで昼間、屋外で空を見上げてUFOを呼んでいる。すると、雲から雲霞《うんか》のようにUFOが何十機も湧きでてきた。こちらのほうにもやってくる。そのうち何機かがすぐ上空にやってきた。怖くなって、見つからないように草の陰に隠れて小さくなっていた。

ＵＦＯに来てほしいと思っていながら、いざ目の前に現れると恐れが出てくるわけだ。潜在意識にＥＴに対する恐れがある。

バシャールも以前、希望者に事前に日時と場所を教えて宇宙船で現れたところ、集まった人たちは皆一目散に逃げだしたそうだ。会いたいと顕在意識では思っていても、潜在意識には根深い恐れがある。

こういった恐れを手放していくことが大切だ。

その後、２０２３年になり、次の夢を見た。

◉2023年3月26日
今朝見た夢。

ＵＦＯが自宅そばの駐車場の上空に来て、降りてきた。上の部分から女性の異星人が現れた。筆者は「一緒に行きた～い」という。怖さはまったくない（以前は怖かったことを思いだす）。

「行くと数年とか戻れないかも」といわれたので、「1時間後とかすぐに戻れるようにして」という。

乗船するには、小さくならないといけないらしい。近所の人に見られないように、UFOのなかに入り、上昇する。近所の人（なぜかアメリカなのか、銃をもっている）が、銃を向けてくる。上昇速度が遅い。発砲されたが、何とか避けて、ふらふら揺れながら逃げる。それにしても遅い。

なかなか上昇していかないのは、もしかするとまだどこかに抵抗があるからなのかもしれない。次はもっとスムーズに上昇していく夢になったらと思う。

坂本政道

坂本政道（さかもと・まさみち）

▼モンロー研究所公認レジデンシャル・トレーナー。㈱アクアヴィジョン・アカデミー代表取締役。

▼1954年生まれ。東京大学理学部物理学科卒、カナダトロント大学電子工学科修士課程修了。

▼1977年～87年、ソニー㈱にて半導体素子の開発に従事。

▼1987年～2000年、米国カリフォルニア州の光通信用素子メーカーSDL社にて半導体レーザーの開発に従事。

▼2001年からモンロー研究所のヘミシンク・プログラムを年3回のペースで受講し、その体験を『死後体験』（ハート出版）として出版。同書がベストセラーとなる。

▼2005年2月、㈱アクアヴィジョン・アカデミーを設立し、以来、モンロー研究所のヘミシンク・プログラムを開催してきている。

▼著書に『体外離脱体験』（たま出版）、『死後体験シリーズⅠ～Ⅳ』『分裂する未来』『坂本政道ピラミッド体験』『あなたもバシャールと交信できる』『東日本大震災とアセンション』『ベールを脱いだ日本古代史』『伊勢神宮に秘められた謎』『出雲王朝の隠された秘密』『あの世はある！』『覚醒への旅路』『ダークサイドとの遭遇』『死ぬ前に知っておきたいあの世の話』『明るい瀬後世界』、『ETコンタクト』（以上ハート出版）、『死ぬことが怖くなくなるたったひとつの方法』（徳間書店）、『バシャール×坂本政道』（VOICE）、『地球の『超』歩き方』（ヒカルランド）、『高次元世界へ還る道』（光田秀との共著 徳間書店）などがある。

▼最新情報については、Facebookの著者ページや著者のブログ「MAS日記」（http://www.aqu-aca.com/masblog/）とアクアヴィジョン・アカデミーのウェブサイト（http://www.aqu-aca.com）に常時アップ。

ムー・スーパーミステリー・ブックス

UFOと体外離脱

ヘミシンクによる宇宙人遭遇で人類覚醒へ

2024年5月5日　第1刷発行

◆著　者……**坂本政道**
◆発行人……**松井謙介**
◆編集人……**廣瀬有二**
◆編集長……**三上丈晴**
◆発行所……株式会社 **ワン・パブリッシング**
〒105-0003 東京都港区西新橋2－23－1
◆DTP製作……株式会社 **明昌堂**
◆印　刷　所……**中央精版印刷**株式会社
◆製　本　所……**中央精版印刷**株式会社

◎この本に関する各種お問い合わせ先
・本の内容については、左記サイトのお問い合わせフォームよりお願いします。
https://one-publishing.co.jp/contact/
・在庫・注文については、書店専用受注センター Tel：0570-000346
・不良品（落丁、乱丁）については Tel：0570-092555
業務センター 〒354-0045 埼玉県入間郡三芳町上富279－1